社交新零售商业模式
+社群等私域流量变现
+短视频直播引流带货及招商

NEW RETAIL OF SOCIAL INTERACTION

赵啦啦谈如何转型
社交新新零售

实战篇

创始人：赵啦啦

啦啦商学院
赵啦啦 ——— 著

啦 赵啦啦营销咨询　　團結出版社　UNITY PRESS

图书在版编目（CIP）数据

赵啦啦谈如何转型社交新零售 / 赵啦啦著. -- 北京：

团结出版社, 2020.6

ISBN 978-7-5126-8002-9

Ⅰ.①赵… Ⅱ.①赵… Ⅲ.①网络营销 Ⅳ.

①F713.365.2

中国版本图书馆CIP数据核字(2020)第103323号

出　　版：团结出版社

（北京市东城区东皇城根南街84号　邮编：100006）

电　　话：（010）65228880　65244790

网　　址：http://www.tjpress.com

E-mail：zb65244790@vip.163.com

经　　销：全国新华书店

印　　刷：河北盛世彩捷印刷有限公司

装　　订：河北盛世彩捷印刷有限公司

开　　本：170mm×240mm　16开

印　　张：15.75

字　　数：242千字

版　　次：2020年6月　第1版

印　　次：2020年6月　第1次印刷

书　　号：978-7-5126-8002-9

定　　价：99.00元

我是一个90后社交电商老兵，已经从业7年。我见证了社交电商从无到有，从萌芽到成熟的过程。伴随行业成长的同时，我们也被行业推动着担任了很多角色：代理商、团队长、品牌方、培训公司、咨询公司等。在这个过程中，不断地刷新我们对行业的认知，不断地审视和总结这个行业跨界融合的应用价值，以及对普通个体、中小企业、独角兽企业的价值，等等。我吸收、酝酿了两年，终于推出了我的第一本关于这个行业的书籍。

本书凝结我7年的社交电商实战经验＋成功服务1000家企业转型的案例总结＋授课120万在线学员的经验沉淀，涉猎20多个行业，50多个品类；旨在分享经验，推动中国企业和整个社交新零售产业发展，为更多个体、中小品牌以及企业的转型升级赋能。

1.适合人群

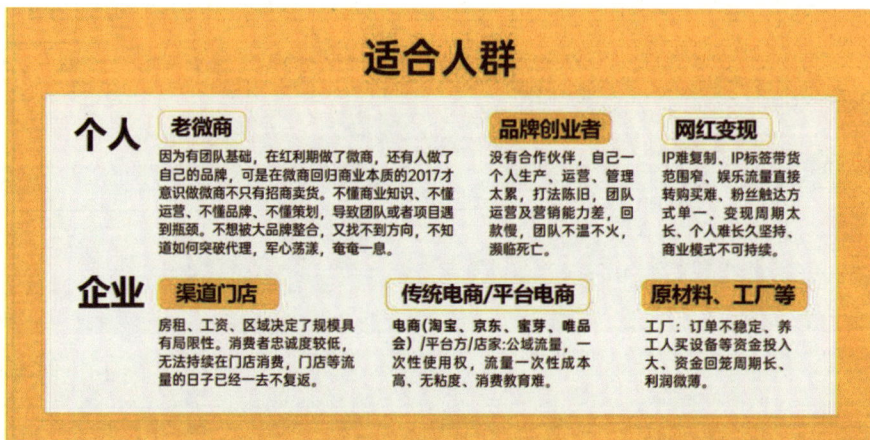

适合人群

个人

老微商
因为有团队基础，在红利期做了微商，还有人做了自己的品牌，可是在微商回归商业本质的2017才意识做微商不只有招商卖货。不懂商业知识、不懂运营、不懂品牌、不懂策划，导致团队或者项目遇到瓶颈。不想被大品牌整合，又找不到方向，不知道如何突破代理，军心荡漾，奄奄一息。

品牌创业者
没有合作伙伴，自己一个人生产、运营、管理太累，打法陈旧，团队运营及营销能力差，回款慢，团队不温不火，濒临死亡。

网红变现
IP难复制、IP标签带货范围窄、娱乐流量直接转购买难、粉丝触达方式单一、变现周期太长、个人难长久坚持，商业模式不可持续。

企业

渠道门店
房租、工资、区域决定了规模具有局限性。消费者忠诚度较低，无法持续在门店消费，门店等流量的日子已经一去不复返。

传统电商/平台电商
电商(淘宝、京东、蜜芽、唯品会)/平台方/店家:公域流量，一次性使用权，流量一次性成本高、无粘度、消费教育难。

原材料、工厂等
工厂：订单不稳定、养工人买设备等资金投入大、资金回笼周期长、利润微薄。

社交电商适合人群图

2.涉及行业

服务起盘涉及行业

大健康行业	日化行业	母婴行业	服饰鞋帽箱包行业	食品行业
医疗行业	农特生鲜行业	家居行业	教育培训行业	电器行业
金融行业	地产行业	珠宝行业	针织行业	……

社交电商服务起盘涉及行业图

3.转型分类

部分转型起盘分类

◆微商团队长如何利用自身专业度做品牌方
◆原材料种植企业转型升级
◆生产工厂转型升级
◆研发机构转型升级
◆医疗企业转型升级
◆电器制造业及品牌电器企业转型升级
◆电商平台及电商从业者如何转型升级
◆快销品生产厂转型升级
◆直销企业转型升级
◆生鲜供应链转型升级
◆服装生产商转型升级
◆公益机构转型升级
◆线下实体连锁店转型升级
◆增加客户复购并拓客网红如何利用粉丝转型升级
◆新老媒体机构和个人如何利用传播、背书和阅读量转型升级
◆传统大型培训机构如何转型升级
◆员工数量庞大的实体企业如何转型升级
◆微商代购如何转型升级
◆医美等相关机构如何转型升级
◆平台类起盘案例有：租车平台、金融理财平台、水果平台、
记忆力教育培训、才艺培训、跨境购平台、服装平台……

社交电商部分转型起盘分类图

4.业务模块

五大模式设计

层级微商模式　　　平台分销模式　　　社群零售模式

短视频直播引流/招商/
带货模式　　　　　共享实体店+模式

八大业务模块

企业顶层架构　　商业模式设计　　私域流量变现　　IP打造与社群运营

推广引流　　　　素材营销制作　　培训系统搭建　　团队系统搭建

社交电商五大模式设计和八大业务模块图

5.经典案例呈现

海尔施特劳斯（大品牌电器）

打造微商高客单电器单品破5亿，流水及微信群一小时收款160万奇迹

客户介绍：海尔施特劳斯净水机，海尔总部授权直营，直接操盘公司是国内最大的会销集团，也是海尔线下渠道会销的长期独家合作集团。

合作时间：2017年5月-2018年5月

合作需求：带领传统渠道商转型，更好的打开年轻市场和渠道。

合作结果：2017年6月在成都第一次招商会，70多人到场，回款400万左右。2017年7月第一次新品发布会，在成都举办千人大会。

赵啦啦营销咨询&海尔施特劳斯

打造微商高客单电器单品破5亿
微信群一小时收款160万奇迹

赵啦啦营销咨询独家服务年度客户

蜜芽APP（电商平台）

一个月裂变出17万个经销商，开创母婴行业新未来

客户介绍：国内最大的母婴电商平台，总部在北京，市值100亿，活跃用户5000万，准上市公司。

合作时间：2017年8月-2018年8月

合作需求：降低app用户开发成本，提高现有平台客户粘度和复购率，增加分享制模式招募平台渠道推广代理商，整合及改变现有母婴行业生态和模式。

合作结果：一个月裂变出17万个经销商，开创母婴行业新未来。截止到2018年8月代理商数量超过20万人次。

啦 | 蜜芽 mia.com

赵啦啦营销咨询&蜜芽

一个月裂变17万经销商

开创母婴行业新未来

中国最大的百亿母婴电商平台

好想你 (工厂)

卡位7天，招商200人，回款300多万

好想你

客户介绍： 好想你新动冻干燕窝是由马来西亚WeBirdnest燕窝公司携手好想你集团联合打造的新型燕窝品牌，用航天FD技术打造了全新冻干系列产品。

合作时间： 2018年4月-2019年4月

合作需求： 原有燕窝渠道经销商、全国各地的代购、及工厂代工的燕窝品牌客户等以微商的模式重新赋能资源整合合作，快速资源变现，不断驱动倍增裂变。

合作结果： 2018年6月在河南郑州举办200多人的新品发布会，内招第一周回款300多万。

啦 | 好想你

赵啦啦营销咨询&好想你

卡位7天，招商200人

回款300多万

中国第一红枣品牌

　　社交电商肇始于微信诞生后，行业从初期的粗放走向今天涵盖社群拼团、直播带货、平台分销、传统微商等形态多元、模式多样的丰富业态，这个行业年销售额过亿的品牌高达上百个，普惠人群高达五千多万，成为中国商业史上无法忽视的市场力量。社交电商也在积极改写着当今的市场渠道形态。

　　这个行业的发展普及离不开无数有品牌梦想的工匠型创业者的努力，也离不开积极改变现状的数千万普通创业者的汗水，更离不开以赵啦啦为代表的行业推动者的辛苦付出！

　　赵啦啦是很早看到微商机会并投身其中的创业者，后来转型做培训最后到今天做全案服务和咨询，她既有微商从业者的灵动活跃思维，也兼具全行业的广阔视角和丰富阅历，既有平台型的服务经验、世界五百强企业的咨询经验，更具有多达20多个各种特色、差异化的行业深入布局阅历，硕果累累，成绩斐然。

此书是赵啦啦从业七年以来的经验积累，值得所有有志于在社交电商行业有所作为的企业家朋友们传阅。

我作为一路见证赵啦啦成长历程的自媒体人，很高兴看到她的成长，她的快速进步惠及很多的品牌和企业，更乐见她给行业带来的改变。

我在此祝贺她！是为序。

——方雨

社交电商传媒、落地荟创始人，资深自媒体人

云南白药、佰草集、欧诗漫、蜜芽等企业顾问

目　　录

CONTENTS

社交新零售之私域流量盈利思维

社交新零售之私域流量五大盈利模式

社交新零售之私域流量八大盈利模块

社交新零售之私域流量盈利思维

第 1 章 "以人为本"的思维模式

1.1 "以人为中心"思维

传统零售及电商都是"以货为中心"的传统思维模式，只要产品好，有价格优势，就能卖出去。比如大家去线下商店，看到的是一排排货架和上面的商品，打开淘宝、京东，看到的是商品列表，而生产商品的人及背后卖货的人，是完全看不到的，看到的只有货。

社交电商的思维逻辑和传统零售及电商刚好相反，社交电商是先有人，才有产品，我们信任、喜欢一个人，才会去买他推销的任何产品，而传统零售及电商是先有产品才有用户。

社交电商颠覆了线下零售及线上零售的思维模式，强调"卖人"。有了人，才有他背后的商品，打造个人IP，获取用户的信任，信任了一个人，就信任他卖的产品，他卖的任何商品都信任，换了商品也会买。

很多传统企业老板和我聊他们的社交电商渠道，我认为他们的社交电商肯定做不起来，因为我发现他们还是"以产品为唯一"的思维，没有转换成"以人为中心"的思维。准备做一个新的销售渠道，但还不了解渠道的本质，所以无论如何努力，都很难成功。

我们为什么局限于传统的思维模式——生产好产品，然后去卖产品的思维模式？我们难道不可以打开思维，从"卖产品"转换到"卖人""卖机会"吗？

"以人为中心"是社交电商思维的第一要义。传统企业老板做社交电商一旦思维转变了，就成功了一半，剩下的就是技术层面的问题。如果不转换思维，再努力也没有用。

1.2 个人IP思维

我们这里提的个人IP，不是空泛的概念，是除了产品品牌、企业品牌之外的"个人品牌"。

在全民消费升级的今天，消费者对产品越来越挑剔，流量也越来越难获取。一种趋势已经浮现——只有具有人格化特点的IP才有吸引力。品牌运作、公司账号运营、官方网站、官方公众号等，要打造"人格化的魅力"，用讲故事的形式呈现内容，使内容具有情感、生活、工作和搞笑等特点，做到这些，用户才有黏性。

个人IP打造在社交电商行业比其他任何行业都重要。个人IP=个人

（非公司）重度垂直细分的第一定位＋超级符号/名字特点、借势名人、行业符号和关系称呼等。很多人在做个人介绍的时候都会介绍自己是××公司的董事长、总经理等，这样没有给对方形成记忆点，留下深刻的印象。但是如果借助超级符号或者有名字特点，例如广东郭富城、苹果哥、光头哥、红衣哥等，就能让人印象深刻，过耳不忘。

除了要有独特的名字，还要有精准的个人定位，做个人IP定位的关键点是有情感、有温度、有人格、有血有肉。我为什么那么重视私人微信号，总是劝网友要将粉丝导入你的私人微信号。因为私人微信号转化率最高。私人微信号具有人格化的特征，会展现一个活生生的人，有灵魂、有见解、有经历、有爱恨、有主张。很多时候，我们会跟一个人合作、购买他的产品，是因为喜欢这个人身上的特质、价值观、语言甚至表情。

人们会对自己喜欢的人说的话、推荐的事物产生信赖，这就是所谓的"爱屋及乌"，只要是他倡导的理念、推荐的东西，我们都会优先选择。

因此，我们要感谢这个伟大的时代，给了普通、平凡的我们机遇。只要我们输出自己的价值，很有可能会成为一个领域内的意见领袖。就是"微信呈现"的那句——再小的个体，也有自己的品牌。

—— 引自龚文祥《微商思维1》《微商思维2》

龚文祥，触电会创始人、中国微商及短视频直播意见领袖

龚文祥出版的《微商思维 1》《微商思维 2》

1.3　口碑营销

"口碑"一词源于传播学，由于被市场营销广泛应用，所以有了口碑营销。在互联网时代，人们交流和接触的范围更加广泛，口碑营销也成了企业发展的催化剂。

简单地说，口碑营销就是口口相传，利用消费者自发性传播行为进行营销。比如，通过官网、官微（微信公众号、微博）、论坛、头条、短视频、直播、社群等平台与消费者进行沟通、交流，分享品牌和消费者的故事，让消费者能进行社交，引起目标用户群体的共鸣，形成广泛的传播效应。还可以利用简单、易操作的奖励机制，刺激老用户的分享热情和再次消费欲望，吸引新的消费者形成第二销售渠道等。

在线下商场里买东西，货架不会告诉我们这个商品卖了多少件，消费者也不能在货架上评论商品是否值得购买。如今通过线上口碑营销，可以让每一个消费者轻而易举获取商品的销量，表达想法和看到其他用户的评价等。而这些都会影响消费者的购买决策。这就是"好的产品会说话，不如好的顾客帮你说话"。

相较于传统的广告投入，口碑营销具有性价比高、针对性强、可信度高以及接受度高的优势，是当今互联网信息时代不可忽视的营销策略。企业通过有效的口碑营销能够减少宣传成本，提升企业的形象，增强客户的信赖感，增大潜在客户的成交概率，强化客户对品牌的忠诚度，提升产品的复购率，这其实也是一种巧妙的与同行展开区隔营销的方式。

1.4 情感营销

情感营销即利用人性的特点去满足目标用户群体的心理需求，把目标用户群体的情感需求和产品差异作为品牌营销策略的核心。抓住用户的痒点、痛点、爽点，抢夺用户的注意力，抓住用户的心，使之通过产品获得情感上、心理上的满足和认同，刺激用户的购买欲望，赢得用户消费选择的操纵权，达到最终的营销目的。

研究表明，深刻的记忆来自强烈的情感体验。可以利用营销手段刺激起消费者强烈购买的情绪。

在这个营销过剩和传播同质化的时代，情感营销逐渐成为品牌与消费者沟通、建立品牌忠诚度的有效方式。作为品牌和企业，也不再仅仅是生产好的产品去满足消费者的物理需求，还要通过服务去满足消费者更多层次的需求，例如情感、社交、求知、自我价值实现等。这些是当今时代企业之间竞争、形成差异化和差距的关键。

而且随着社会科技的进步，交通工具和通信工具越来越发达，时间和空间的阻力问题越来越容易解决，人的流动性越来越大，人的社交边界越来越广，导致社交关系的结构从原来的以血缘关系为中心变到现在的以非血缘亲密关系为中心。以前的人一辈子只和身边的七大姑八大姨打交道，而现在很多年轻人从大学开始就在异地，工作更是离开家乡，这导致他们远离了原有的亲密关系圈。那他们的亲密关系和情感需求该如何满足？通过网络交友、虚拟的游戏世界，还是消费服务？这个问题是现代的家庭和社会该思考的，也是企业该思考的。

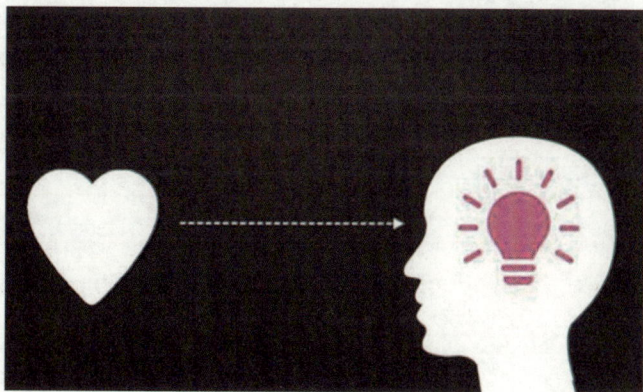

社交新零售之私域流量五大盈利模式

首先简单叙述一下社交新零售7年来的发展简史，我们可以将这七年划分为三个阶段：2013—2014年行业萌芽期、2015—2017年行业野蛮生长期、2018—2020年行业平稳发展期。

市场现有模式	发展阶段	主流模式	品类特点	代表品牌	品牌方人群特点	代理商人群特点
层级微商（仍是主流模式及所有模式的内核，已形成稳定格局）	2013年爆款微商	层级微商	日化为主	俏十岁	非品牌为主+个体	三低人群以学生、宝妈为主
	2014年日化微商	层级微商	日化为主	黛莱美面膜	非品牌为主+个体	三低人群以学生、宝妈为主
	2015年品牌年	层级微商逐步完善平台电商初现	针织、大健康食品等品类崛起	韩束百雀羚欧诗漫	品牌+个体	上班族个体老板等优质人群加入
平台电商	2016年针织私护微商	层级微商逐步成熟平台电商发展社群零售初现	大健康、针织私护类发展迅速	向大大幸福狐狸棒女郎	品牌+个体	上班族个体老板等优质人群加入
社群零售	2017年大健康母婴微商	层级微商顶峰期平台电商火热期社群零售发展期共享店初现	母婴品类崛起	凯儿得乐米菲、修正仁和、同仁堂白云山	中小型企业+品牌	白领个体老板等优质人群加入
共享店+	2018年平台电商	以上四种模式稳定发展期	全品类发展	云集、环球捕手洋葱TST、蜜芽未来集市	中小型企业+品牌	白领个体老板
平台电商+社群零售	2019年平台电商+社群模式	层级微商下滑期、平台电商+社群零售模式火爆期短视频直播模式初现	全品类发展	纯购、喜团	中小型企业+品牌	三高人群（有钱、有资源、有能力）中小企业主
短视频直播+社群零售	2020年社群+短视频直播模式	社群零售+短视频直播初现	全品类发展	略	中小型企业+品牌	三高人群（有钱、有资源、有能力）中小企业主

* 表中三低人群，指年龄小、收入低、工作年限短的人群

社交新零售 7 年来的发展简史表

行业萌芽期（2013—2014年）：2013年初萌发及爆发。社交电商最早的雏形是微商。其实微商的交易方式最早出现在论坛、博客、QQ，只是当时大的网络环境还不成熟，导致规模太小，不足以形成一个独立的行业。直到微信平台普及，大量的用户加上良好的通信、社交工具使这个行业快速发展。

在这个阶段，产品和经营者比较匮乏，从业人群以大学生和宝妈等兼职群体为主，但消费者数量却迅猛增长，是供不应求的暴利阶段，也是行业摸索前行的阶段，很多东西都是边发展边规范的。

行业野蛮生长期（2015—2017年）：这个阶段的标志性事件是2015年央视曝光的"黑面膜事件"，标志着社会开始关注和监督起这个行业。

随着行业规模的壮大，大品牌相继入场，从业人群也随之进入第二波增长高峰，品类逐步丰富，行业逐步规范。

行业平稳发展期（2018—2020年）：层级微商模式、平台电商模式、社群及短视频直播模式逐步形成三足鼎立局势。品类已发展齐全，大中型企业占据的品牌市场份额接近一半，代理商从业人群也过滤为社会精英和中小企业主。

100～1000亿体量的企业正在加速对于新零售的布局，入场早的已经做了两三年，且成绩斐然。通过我们服务过的8家市值百亿的企业，我总结了四条社交新零售对于头部企业的必然价值：

1.现有渠道仍是第一品牌，增加社交新零售渠道做增量。

2.新零售渠道以"轻消费"为入口，让年轻消费者能够有更直观的消费体验，从而培养他们的品牌认知度和忠诚度，以及布局品牌未来5～10年的市场占有率。

3.延伸品类生态，布局产业链。

4.展开无界零售及智能AI的生态布局。

适应新时代消费者需求的企业应该是致力打造拿产品做品质、拿科技做效率、拿服务做温度的新零售企业。企业应该基于科技与文明的进步，重组企业、渠道与消费者的生态关系，实现多角色、多方式的共赢共利，同时更全面、更立体地发挥和实现企业的社会价值（为员工、消费者以及社会大众提供碎片化时间的就业岗位，满足消费者物理和心理的需求，真正把品质化生活的理念渗透到消费者的脑子里）。

部分案例呈现

牛学霸 (实体教育机构)

客户介绍： 国内最大的记忆力教育培训公司。专注从事全脑潜能开发以及课文背诵、培训教学、网上自学教程研发、线上授课等模式的教育机构。

合作时间： 2018年9月-2019年9月

合作结果： 设置自动免费裂变模式，让原有家长进行裂变转引流新客户，并把学生家长转化成代理商进行裂变，整合传统培训机构帮他们赋能，2个月回款2000万，用户数量翻了3倍。

苏芙蔻 (悠塔) (老微商借助新晶升级运营)

客户介绍： 原品牌是悠塔品牌，柳岩形象代言，旗下产品有美妆类、护肤类、减脂类等产品，2013年进军微商，有几万代理线具基数。2018年来2019年初开始出现瓶颈，新品合作起盘进行全盘运营升级。

合作时间： 2018年7月-2019年7月

合作需求： 借势新品激活老代理，完善培训体系，修改模式，升级运营打法，增强团队凝聚力和向心力，裂变整合纳新代理，让悠塔品牌扭转下滑局势，稳定增长运转！

合作结果： 合作两个月回款4000万，代理人数翻3倍，持续裂变中！

黄飞鸿 (传统行业)

客户介绍： 大健康品类，品牌源远流长。

合作时间： 2018年4月-2019年4月

合作需求： 自己摸索起盘一段时间效果不佳，二次起盘，整合线下连锁超市资源。

合作结果： 起盘3个月，团队人数破5000人，流水过2000万。

御芙仁 (国企)

客户介绍： 广州药业国企，壮族养生保健品牌，突显广西巴马等养生圣地的特色，是一家重点打造健康食品、保健食品、医疗器械、康复器械等产品的国企。

合作时间： 2017年10月-2018年10月

合作需求： 起盘卡位，招商引流，持续裂变。

合作结果： 转化集团10000名员工做代理，并进行当地的资源裂变，内招期设置免费体验模式，产品还没正式发布，2个月就零成本裂变了500多人，回款近千万。

正青春 (连锁美容院)

客户介绍： 是一家以经营中药草本精华调理美颜系列产品为主的公司，致力于中药美容的研究和开发，引领健康有效的美容新概念，全国有线下连锁实体店资源优势。

合作需求： 自有连锁店进行线上模式嫁接，为店铺引流拓客，并在线上拓展加盟招商；整合线下其他实体店资源。

合作时间： 2018年9月-2019年9月

合作结果： 2018年12月开了第一次新品发布会暨品牌年会，合作3个月，回款500万。

果霸联盟 (生鲜社群)

客户介绍： 做农特生鲜批发。

合作时间： 2019月11月-2020年11月

合作结果： 做传统生鲜批发经营不佳，转型线上社群零售模式。第一批利用低价水果供应链优势进行大学校园派送和引流，招募了大批大学生代理。社区联动引流，招募了一批宝妈代理。社群起盘2个月，日单量突破3000单，月流水300万左右。

部分案例呈现表

第2章　层级微商模式起动三步曲

微商模式发展到现在已经是第7年，部分成熟品类的品牌已形成优势格局，站稳市场。后加入的品牌进入门槛逐年在增高，新兴品类的空白市场红利依然很大。层级微商模式仍然占领市场的半壁江山，并且是所有模式的内核。

目前微商模式的运营特点是代理商分层运营和多模式并行。

	微商层级模式	平台分销模式	社群零售模式	短视频直播模式	共享店模式
高层代理	对号	对号		对号	对号
中层代理	对号	对号	对号	对号	对号
底层代理		对号	对号		

微商模式的运营特点表

例如：大代理做IP网红模式；中层代理商做层级微商模式、平台模式、实体＋微商模式；底层代理做社群零售模式。

如何启动运营，我把我们服务过1000家品牌的起动经验总结梳理成了以下三条。

2.1 运营数据包制作

首先，品牌选定产品，进行产品定位。然后，同步开始启动设计商业模式，搭建微商事业部（以上两项分别参见第8章及9章），以及制作运营当中所需的各类资料数据包。数据包是项目的"核武器"，是成交和招商的基础保障，至关重要。

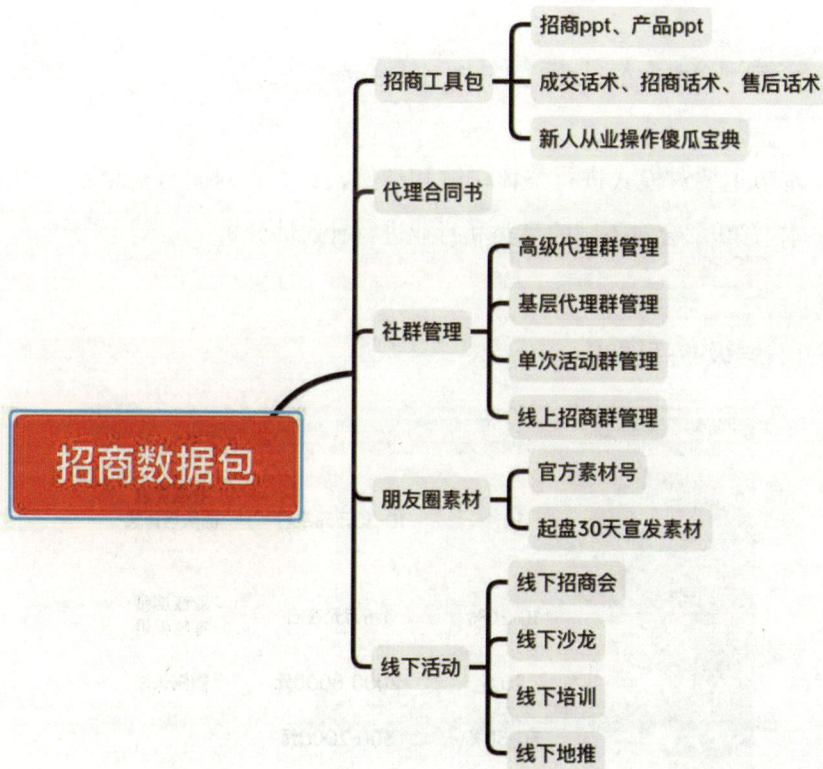

招商数据包表

启动项目和打仗一样，招商营销数据包就是打仗需要的枪支弹药，一场"战役"的胜利是一个系统的工程，缺少了某一个环节都会导致全军覆没。很多品牌模仿一个模式就起盘，但很快就遇到瓶颈做不动了。招商营销数据包至少由上百个文件构成，每一份文件都经过推敲、打磨，才能走进消费者的心里，种下品牌的种子。然而在接触市场的过程中，我们发现这个板块是很多非专业人士最容易忽略的部分，所以此处重点强调，希望引起大家重视！

2.2　模式设计及工具应用（价格表、管理软件等）

本节主要对模式进行整体讲解和举例，让大家对它有一个宏观的认识。本书第9章会对不同的品类和行业进行针对性分析。

2.2.1　层级微商模式

级别	价格	门槛（元）	奖励
总经销商	10%	10-30万元左右	业绩奖金 团队培育奖 ……
总代	10-20%	1-5万元左右	业绩奖金 零售差价
VIP顾客	20%	2000-8000元	团购优惠
市场零售价	30-50%	300-2000元	

层级微商模式示例图

代理商收入=零售差价+团队业绩奖金+推荐招募奖励

微商层级制的侧重点还是招商，但此招商非彼招商。微商模式的招商方式除了大家熟悉的传统渠道招募合作经销商，还包括把C端客户通过新的合作方式变成灵活、松散、较小的B端经销商或者推广员。把企业原本通过支付高额广告费以达到长期渗透影响客户认识和选择品牌的市场营销形式，变成了单次支付费用给每一位成功为品牌获取消费者的推广经销商。品牌获取消费者的成本支付方式变得更多样化、更灵活、更精准。

层级模式目前市场从零售价到最高级别经销商是3~5级（构成：1~2级为不同级别的经销商，2~3级为不同消费级别的会员），与传统渠道的货物流通途径相比，路径更短，层级更少，产品性价也比越来越高。高级别的代理商全部都是以注册工商个体户或者贸易公司的形式与品牌公司开展渠道销售，都是合法纳税。

但层级模式的整体产品客单价仍略高于传统渠道，至少不会低于其他传统货架渠道和电商渠道的商品价格。原因是社交电商渠道的售后服务更好、更持久，消费者购买的不仅是产品，还有服务。例如吃一碗面，外卖比到店里要多支付3～10元的费用（包装费、派送费等）。许多消费者也愿意使用外卖服务，因为大家要的是更好的服务而不是便宜。

2.2.2　平台电商模式

级别	注册门槛	权益
服务商	1.培育孵化的店主数量 2.推广达成的成交额	1.店主培育奖金 2.推广赚取佣金
店主	推广达成的成交额×千元—×万元	推广赚取佣金
平台会员	0-399元/年	1.全年购物8-9折 2.获得会员注册礼包 3.可以分享推广赚取佣金等

平台电商模式示例图

　　平台电商的会员制，就是实体店的会员制通过科技和工具实现了空间延展和云端数据化管理，消费者不用再受时间和空间的局限，有了更便捷的消费选择。这是社会发展、效率提升的必然趋势，商家可以根据自己店铺的规模与经营需求进行选择性使用。

平台模式示例

- VIP
  - 条件
    - 注册即可成为VIP —— 享受注册福利券
    - 下单即可进入体验期
    - 满消费额度即可成为永久VIP
  - 权益
    - 自购省钱 —— 商城所有商品享受专属佣金
    - 分享赚钱 —— 分享普通用户可获得分享佣金
    - 邀请注册福利 —— 享受注册福利券
- 店主
  - 条件 —— 旗下 × 名VIP
  - 权益
    - 自购省钱 —— 商城所有商品享受专属佣金
    - 分享赚钱 —— 分享可获得专属佣金
    - 月度奖励 —— 享受团队佣金的 × %
    - 邀请注册福利 —— 享受注册福利券
- 服务商
  - 条件
    - 团队 × 名VIP
    - 个人销售单数
    - 个人旗下 × 名VIP
  - 权益
    - 自购省钱 —— 商城所有商品享受专属佣金
    - 分享赚钱 —— 分享可获得专属佣金
    - 月度奖励 —— 享受团队佣金的 × %
    - 专属权益 —— 专属服务商的高佣金版块
    - 绩效奖励 —— 根据个人收益进行额外奖励，收益越多奖励越多
    - 同级奖励 —— 培养出来的同级越多，奖励越多
    - 邀请注册福利 —— 享受注册福利券

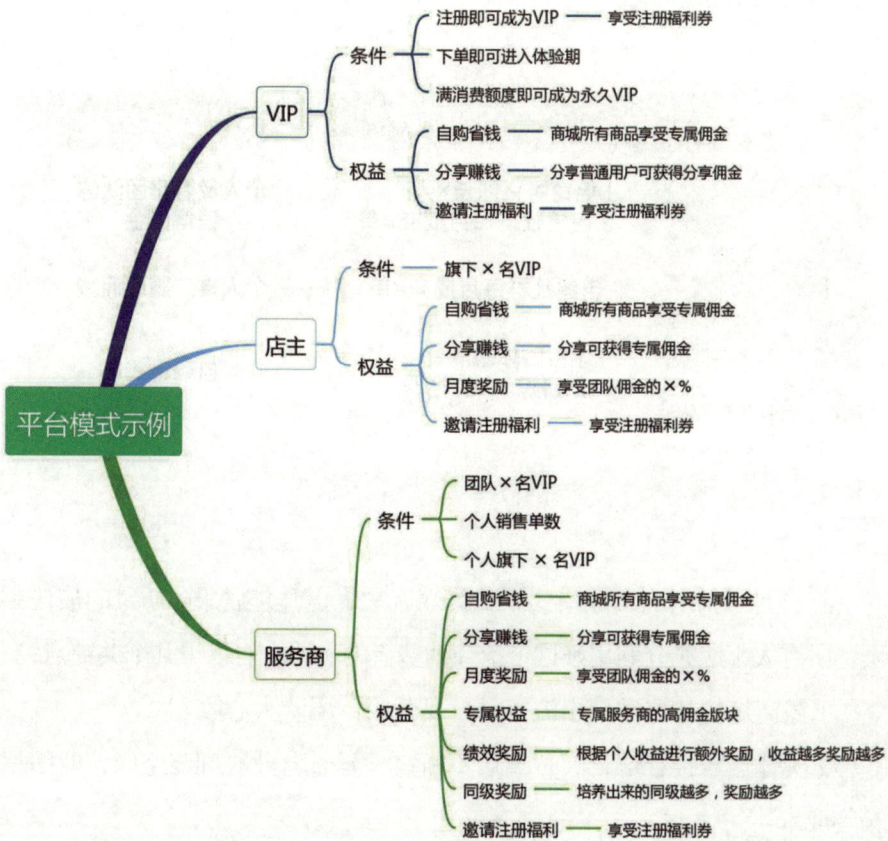

平台模式示例表

2.2.3　社群分利模式

级别	门槛	权益
金牌团长	1.培育孵化团长×人 2.自建社群每月成交×单	个人及孵化团队的 销售佣金
团长	自建社群每月成交×单	个人推广赚取佣金
实习团长	1.自购体验满意 2.自建×人的社群	自购省钱

社群分利模式示例图

社群是目前所有商业模式维护终端客户、提升售后服务质量的最佳土壤，所有人都应充分利用好这个抢夺消费者的利器，有以下几个关键点：

1.微商嫁接社群动销引流，日日见营收，团队人心收。

2.实体店嫁接社群，客户离店不断链，延长营业时间与空间，业绩增长零成本。

3.电商嫁接社群，情感社交赋能科技工具，实现复购与裂变的极致倍增。

4.短视频嫁接社群，把"单次捕鱼"变成"育苗养鱼"，构建池塘生态无限循环。

新品牌转型"避坑"指南：

"避坑"指南一：把商业模式等同于运营

很多品牌方误认为价格模式、招商卡位门槛定出来了，市场业绩就有了。这是一个非常大的错误，它们只是实现市场业绩的辅助工具。做市场还是要靠一群人拿着有效的方法去执行，比如有效的"傻瓜式"执行方案、好的执行激励、健全的人才培养体系等。这也是很多品牌利润分得很高也没有做好的原因，经销商缺的不是高利润的产品，而是能为自己提供做出更多业绩的方法和平台。

"避坑"指南二：错认为招商门槛是固定的市场标准

招商门槛是参照市场整体均值，并根据产品客单价、品牌实力、自身优势资源以及能够为代理商提供的市场扶持政策等制定的。课堂老师举的案例和个别成功品牌的数据都只能作为参照物。就好像房价，大的市场环境价格是一个客观参照，但是每个楼盘的价格又由具体的位置、配套设施、户型等因素决定价格的上下浮动空间。

长期来看，经营者需要灵活运用项目的阶段及规模。

"避坑"指南三：盲目模仿成功品牌的价格模式

很多品牌不乏是因为看到了身边的成功案例而去模仿参照案例的产品和模式，或者直接拿了别人的模式来做。

这种操作是注定失败的，为什么呢？

因为，第一，大品牌每年都会依据自己的阶段性战略需求更改1~3次价格表。其次，作为一个刚进入市场还在求生存的项目，去模仿一个已经形成规模求增长的老品牌，显然从所属阶段特性上讲就不合适。第三，行业变动非常快，平均每3个月就有一次模式微调。

2.3　100 个种子代理招募的"十字口诀"

手机发烧友雷军，当初在创办小米手机时，用 Excel 表列了一个很长的名单，一个个找合伙人。为找到一位硬件工程师，他打了90多个电话；为了说服一位硬件工程师加盟小米，雷军与他连续谈了10个小时。雷军表示，很多人都说，找合伙人太难了，但其实是因为你花的时间不够多和没找到方法。如何找到方法快速招募100个种子代理，我总结出了"十字口诀"：

1个标杆、2个圈子、3个背书、4个会议、5个代理、6个相信、7个平台、8个活动、9个员工、10个渠道。

1个标杆

1个标杆是指树标杆，团队打样。比如一个连锁店加盟的项目要招商，首先要有店铺效果图，甚至样品店，给想要加盟的人展示视觉效果。社交电商也一样，我们的店铺在线上，核心竞争力是人，我们要展示的就是团队的精神面貌，例如通过文字、图片、视频展示团队日常沟通交流、工作场景、团队的合照，团队集体活动等。

啦啦商学院临沂大学创业座谈会图

2个圈子

2个圈子是指社交电商圈子和非社交电商圈子。

我们招商的资源启动圈子，一是社交电商行业内的，例如触电会、啦啦商学院，这些大量聚集社交电商优质从业者的团体，他们可以快速推广、打响品牌知名度；二是非社交电商圈子，例如电视购物、自媒体、百度、电梯广告、机场地铁广告等。

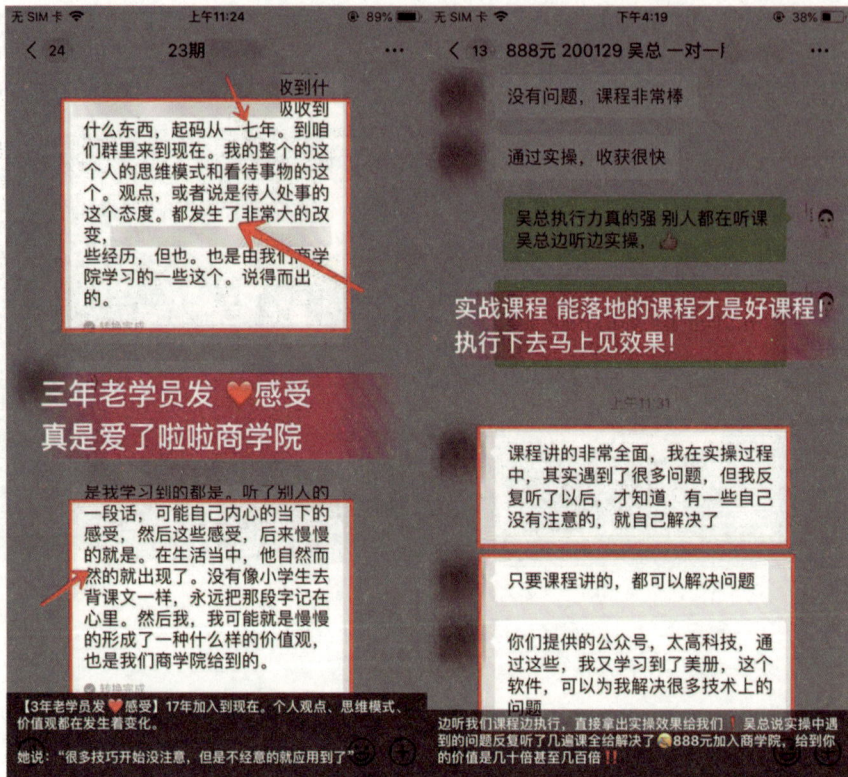

学员反馈图

3个背书

3个背书是指品牌或创始人背书、产品背书、合作伙伴背书。

社交新零售渠道的产品多数是针对消费人群的特性设计的，大多数品牌都是新品牌，需要社会公信力背书，才能让消费者更快地接受和放心购买。例如，和权威官方媒体合作，展示企业和品牌社会荣誉，明星代言等。

啦啦商学院全国巡回交流会图

创始人背书能够赋予品牌人格化和附加值，例如创始人学历、工作背景、工作成绩、工作或社会荣誉等。

社交电商传媒第八期转型微商高级研修班图

产品背书指产品专利证书、合作工厂的资质证书等各项合格证书、工厂规模、客户案例、其他合作伙伴的情况介绍等，总之尽量多展示品牌的情况，为消费者提供强有力的信任支撑。

啦啦商学院全国巡回交流会图

4个会议

4个会议是指私董会、沙龙会、名媛会、发布会。前三个会议是重点，发布会在招商期结束后召开。

私董会是指针对项目核心股东和创始代理，公布项目运营规划和重大事件商讨的会议。

某私董会图

　　沙龙会是前期线下开拓市场的重要形式。好处是成本低、形式灵活、氛围轻松、更容易创造沟通机会，达成交流目的。一般选择下午茶、音乐餐厅、咖啡馆等场所。

啦啦商学院周三思维碰撞沙龙会图

　　名媛会是转化意向代理的重要形式。通过公司组织的一个主题活动，代理商感受平台和团队的魅力，体验到团队能为其带来的成长和价值。例如旗袍名媛会、亲子装名媛会、闺密名媛会等，有趣、有价值的活动，为代理商创造更多的舞台。

名媛会图

　　发布会即品牌正式对外宣布项目启动，对内进行招商期阶段性成果汇报的会议，一般在项目内测启动后3个月左右召开。

发布会图

5个代理

5个代理是指专业代理、颜值代理、时间代理、资金代理、业绩代理。

专业代理需要具备社交电商运营等专业能力，业绩比较稳定。公司不需要培养成本，可以类比公司核心高管级别的人才。专业代理是稀缺资源，一般集中在行业的一些老社群和服务商手里，需要一对一的谈，并给到一些好的扶持政策才能整合。

颜值代理集中在艺术学校、一些热门且时尚的网络平台。每个代理商都是品牌的小小代言人，他们把产品的品质和效果用人格化的方式表达出来，每天用真实、好看的产品吸引消费者的关注，促使消费者选择。

时间代理，代表群体是学生和宝妈。他们的时间自由、充裕，有更多的时间参与品牌的日常运营，而且他们对收入没有迫切大额的需求。微商在整个管理上，可以用一句话总结其特点：用群众的智慧管理群众！学生、宝妈贡献出自己的力量。例如，解答社群的日常问题、进行课程分享、素材输出等。

资金代理是指有充裕的资金但没有好的平台，想找项目投资的代理，品牌会给资金代理更高的分利，达成双赢。

业绩代理即本身就有固定的渠道或者客群，销售能力非常强，能够独立且快速地开拓市场，总之能够有稳定的业绩，这部分代理构成了品牌的稳定盈利部分。

五者缺一不可。

6个相信

6个相信是指相信行业前景、相信公司实力、相信模式的公平公正性、相信上级的人品和能力、相信产品品质、相信方法有效能赚钱。

信任是合作的基础，每个人进入一个新行业都不了解情况，公司首先要把行业非常客观、透彻地介绍给自己的代理商，并且要拿出强有力的公共举证，让大家真实且宏观地了解行业，相信行业前景、相信公司实力、相信模式的公平公正性。代理商可以从专业能力到人品多重了解与确认上级的人品和能力。要让代理商相信产品品质，让代理商体验产品或送给他们身边的朋友。公司具有与其他同行、行业相比的先进性。例如，没有垄断、多劳多得、公平公正等。

这六点构建起了一个紧密、健康、良性的生态环境。

7个平台

7个平台是指微信、微博、短视频直播、淘宝、百度、App、会销。

布局多平台流量矩阵，形成品牌线上流量闭环，是品牌持续增长的基础保障。

在这个矩阵的分工中，微信只是闭环的成交环节，如果局限于微信，而且微信里只有几百或几千个人，那是不可能做出好业绩的；微博、短视频直播用于发散性引流，是中高级别代理商较为常用的方式；淘宝是最大的消费检索平台；百度是最大的信息检索平台，用来获取高质量用户，但这淘宝和百度个渠道成本略高，一般只适合公司和高级别代理投放；App（小红书、美图秀秀、妈妈帮等）是细分精准流量的补充渠道，零成本，易操作，适合所有代理引流；会销是线下最有效的成交模式，一般由公司统一组织。

8个活动

8个活动是指送股份招募股东、送汽车/手机招募董事、送旅游/游轮晚宴招募总代、送发布会/参观工厂名额招募省代、送试用装/培训招募市代、送授权招募一级、送大礼包招募顾客、包邮送活动引流。

9个员工

9个员工是指项目操盘手、美工、文案、客服、新媒体、培训师、招商专员、物流及售后、财务。此内容详见第8章。

项目启动前期如果自己没有专业运营能力来培养员工，建议和第三方公司展开阶段性合作，以分担招商期运营工作。

10个渠道

10个渠道是指自有渠道、大学渠道、宝妈渠道、职场渠道、连锁店渠道、批发市场、直销保险、电商渠道、企业内部转化、自媒体渠道。

自有渠道即企业原有渠道和圈子，挖掘可用资源；大学渠道即跟大学社团合作社会实践创业项目、赞助学校活动、举办创业讲座等；宝妈渠道即母婴App、月子中心、早教中心、月嫂公司。根据产品属性和受众人群特点，针对性设计各渠道的资源开发方案。

第 3 章 社群营销 / 社群团购 / 社群零售模式

3.1 社群基本概述

3.1.1 什么是社群

社群是关系连接的产物，而关系要经过媒介才能连接。媒介在进化，关系的连接方式也一直在变。社群形态其实一直都存在，不同的社群之间沟通的媒介在历史上曾经有书信、电报、广播、呼机、电话、邮件、聊天室、QQ群……

传统的社群形式大多都受时空限制，社群的直接沟通也相应受到局限。基于互联网的通信手段开始普及，受地理空间限制的社群关系开始逐步跨越时空，进入了虚拟空间连接的阶段。并且随着移动互联网的快速发展，电脑端转移到移动端。微信的出现使得社群组织开始摆脱这些限制，可以让社群组织互动更容易、管理更容易。这是社群兴起和火爆的主要原因。

3.1.2　社群的 5 个构成要素

为了让大家对社群有更直观的认识，首先，我们先了解社群的5个构成要素，它们分别是同好、结构、运营、输出和复制。

1.同好，社群成立的前提。

社群构成的第一要素是同好（Interest）。同好是社群成立的前提。同好是指对某种事物的共同认可或行为。我们为了什么而聚到一起？事物没有价值就没有存在的必要。正如国内以自律为荣的最大女性社群——"趁早"在社群活动中所提到的那句话：为了找到同类，我们造了一个世界。

同类可以因为某一个产品而聚集到一起，如苹果手机、锤子手机、小米手机；可以因为某一种行为而聚集到一起，如爱旅游的驴友群、爱阅读的读书交流会；可以因为某一种标签而聚集到一起，如某明星的粉丝；可以因为某一种空间而聚集到一起，如某生活小区的业主群；可以因为某一种情感而聚集到一起，如老乡会、校友群、班级群；

可以因为某一种"三观"而聚集到一起，如"有种、有趣、有料"的《罗辑思维》。

2.结构，决定社群的存活。

社群构成的第二要素是结构（Structure）。结构决定了社群的存活。很多社群为什么会走向沉寂？因为最初没有对社群结构进行有效地规划，这个结构包括成员、交流平台、加入原则和管理规范。这四个组成结构做得越好，社群"活"得时间越长。

成员：发现、号召有"同好"的人抱团形成金字塔或者环形结构。最初的那批成员会对以后的社群产生巨大影响。

交流平台：找到人之后，要有一个聚集地作为日常交流的大本营，目前常见的交流平台有QQ、微信、YY等。

加入原则：社群有了元老成员，也建好了平台，慢慢地便会有更多的人慕名而来，那么就得设有一定的筛选机制作为门槛，一是保证社群质量，二是让加入者感觉加入不易而格外珍惜这个社群。

管理规范：人越来越多，社群必须要管理，否则大量的广告与"灌水"会让很多人选择屏蔽社群。所以，一要设立管理员，二要不断完善社群规则。

3.运营，决定社群的寿命。

社群构成的第三要素——运营（Operate）。运营决定了社群的寿命，不经过运营管理的社群很难有比较长的生命周期。一般来说，运营要建立"四感"。

仪式感。比如加入要通过申请、入群要接受群规、行为要接受奖惩等，以此保证社群规范。

参与感。比如有组织的讨论、分享等，以此保证群内人员有话说、有事做、有收获。

组织感。比如对某件事的分工、协作、执行等，以此保证社群的战斗力。

归属感。比如利用线上线下活动进行互动等，以此保证社群的凝聚力。

如果一个社群建立起"四感"，有了规范、有了质量、有了战斗力、有了凝聚力，就可能持续运营。

4.输出，决定社群的价值。

社群构成的第四要素——输出（Output）。输出决定了社群的价值。持续输出有价值的东西是考验社群生命力的重要指标之一。例如，"樊登读书会"以持续高质量的读书笔记输出，形成了国内独具特色的读书社群和阅读付费平台。

所有的社群在成立之初都有一定的活跃度，但若不能持续提供价值，社群的活跃度会慢慢下降，最后沦为广告群，一些人会再去加入一个新的"好"群或选择创建一个群。没有价值的社群迟早会解散。为了防止这种情况的出现，社群一定要能给群员提供稳定的服务，比如坚持定期分享干货。另外，输出还要考虑群员的输出成果，社群里所有的成员都能做不同层次、不同领域的高质量输出，释放出更强大的能量。

5.复制，决定社群的规模。

社群构成的第五要素——复制（Copy）。复制决定了社群的规模。因为社群的核心是情感归宿和价值认同，所以社群越大分享情感的可能性就越大。

"复制"有两个问题需要考虑。

第一，是不是真的有必要通过复制而扩大社群规模？

人们有一种误区，认为没有几万人都不好意思称其为社群。其实经过前面4个维度考验的群，完全可以称为社群了。

"小而美"也是一种社群，而且大多存活得比较久。现在很多人进入一个人数很多的群，第一件事是做什么？——是不是将屏蔽消息功能打开？因为筛选信息的成本高，人员相互认知成本也高。相反，小圈子人员较少，大家的讨论话题相对集中，人人都容易活跃起来。从微信群、QQ群等社群的大数据中发现，90%的用户在不足20个人的小群里更活跃。人人都想组建人多的大社群，但是许多大社群并不活跃。

所以社群规模要看社群的成长阶段，每一个社群都有一定的成长周期，不同的阶段用不同的节奏控制。一般来说，规模越大的社群，越可能永远只是为新用户提供服务，在过滤优质信息上有很大的难度，这样的群如果不控制活跃度，虽然看上去每天的发布信息不少，但是信息价值太小。这也会导致高价值的成员选择沉默或者离开，社群价值就无法得到提高。

那么你就要明确扩大规模是为了什么，扩大规模之后能解决什么瓶颈，社群定位适合扩大规模吗……这些问题要先进行思考，盲目复制反而会起到反作用。

第二，是不是真的有能力维护大规模的社群？

复制不是一件即兴的事情，要综合人力、财力、物力与精力等多角度综合考量。比如从一家小米粉店发展到中国互联网社群餐饮第一品牌的霸蛮（原伏牛堂）。霸蛮社号称有20万年轻人加入社群。霸蛮社曾尝试做一场50万人的线上发布会，但微信群发布会最后只来了7万人。仅仅7万人就出现了失控的局面，给品牌造成了很不好的影响，之后霸蛮社管理团队复盘，开始严格控制霸蛮社的规模和质量。

规模的扩大意味着需要管理者更多的投入，那么相应的投入产出比是否能够支撑社群一直维护下去也要考虑清楚。

3.2　社群团购与社群零售的区别

3.2.1　什么是社群团购

社群团购是商家每天精选2~10款高性价比的产品，发布到代理商群，下属代理商采集商品投放到自己组建的微信群，每天组织群成员开团，赚取产品差价与获取一定比例的销售额返现（代理商以本地宝妈为主，微信群以小区群为主）。

3.2.2　不做社群团购的理由

第一，利润低，即便是利润款，依然需要比其他渠道的价格低才能有大的销量。

第二，对商家供应链要求很高，品质、价格、现金流周转速度，一天要出2~10款碾压社区团购、大电商平台、KA、超市等渠道的产品，可以说是非常难的。

不做社群团购做什么？

社群零售！

3.2.3　什么是社群零售

社群零售是组织一群拥有相同特征、身份、需求、兴趣的人到一个或多个微信群，由商家管理（维持秩序、组织话题聊天等）、专业知识输出、售后等服务，为用户创造良好的交流环境，搭建"朋友推荐式"的成交场景，用"30天做服务，1天做成交"的形式做零售。

3.2.4　社群零售与社群团购的区别

社群零售与社群团购的区别

	社群团购	社群零售
进群目的	为了购买比市面上价格更低的产品，说白了就是占便宜	为了与拥有相同购买经历、相同购物需求的人在一起交流
群员特征	没有明确共性，是个人就能进群	拥有相同特征/身份/需求/兴趣
运营难度	需要不断上架高性价新品刺激群成员参与、下单、探讨、活跃	群成员自发交流，商家只需适当输出专业知识、简单管理、稍加干涉
运营重点	玩的是货，拼的是供应链	做的是内容与交情
上新速度	每天上2~10个高性价比新款产品	一般15天上1~10款新品
产业形态	做宽度、做规模、高频低毛利	做深度、低频高利润
适合商家	平台、电商大卖家、仓储物流	小微企业、微商转型

社群零售与社群团购的区别表

3.3　如何从 0 构建起一个完整的社群

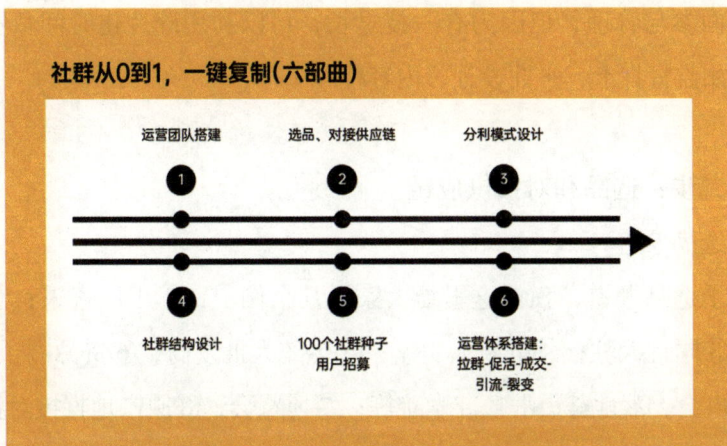

社群从0到1，一键复制（六部曲）

| 运营团队搭建 | 选品、对接供应链 | 分利模式设计 |
| 1 | 2 | 3 |

| 社群结构设计 | 100个社群种子用户招募 | 运营体系搭建：拉群-促活-成交-引流-裂变 |
| 4 | 5 | 6 |

社群从 0 到 1，一键复制六部曲图

从0构建起一个完整的社群，分为6个步骤：

第一步：运营团队搭建

一个社群如果只有一个人运营，是远远不够的，况且是几百人的大群，所以必须建立运营团队，才能经营好社群。搭建社群运营团队可以分为三级：

核心运营团队：核心运营团队是社群的发起组织者，与社群发展息息相关，也是利益方。关于社群的发展方向问题、运营模式问题，首先在核心运营团队达成一致。核心运营团队一般是全职，是对社群负全部责任的人。这样的运营团队规模不会太大。

大脑运营团队：大脑运营团队主要是社群的核心活跃成员，各个分群里挖掘出来的管理者，他们认同社群的理念，是社群的影响力人物。大脑运营团队主要是帮忙策划，对核心运营团队的建议提出反馈意见，并落实自己所在分社群的计划、规定等。

小助手团队：小助手团队主要是对社群认同的活跃成员，不一定有时间全面参与管理，但因为有一技之长，可以利用碎片化时间负责某个领域，如监督打卡、平面设计、内容整理……

第二步：选品和对接供应链

1. 选品渠道

关于选品渠道，我在这里给大家举几个例子：①工厂直采；②内部推荐；③同行入驻；④电商大卖家；⑤传统大批发商；⑥资源圈子合作，例如触电会、落地荟、啦啦商学院等；⑦博览会；⑧原产地直接对接。

这一步对于工厂、实体店、电商来说，非常容易完成，因为渠道具备自己的供应链优势和资源。对于没有供应链或者供应链不全的品牌方来说，这一步也不难实现，只要去对接一些渠道就可以。

2. 选品标准

关于选品标准，我总结出了6条：①刚需，需求量大的产品，如日用百货；②高复购，高频购买的产品，如食品、生鲜农特类；③新奇特，具有差异化优势，如网红产品；④应季、当季的产品，如水果类；⑤热销，受欢迎爆款产品，如美妆护肤品类；⑥低价正品，价格低、品质好的产品，如服装、鞋子类。

选择刚需、高复购的产品，优势在于它是中年人购买最多的产品，可以帮销售人员创造业绩；选择一些新奇特、应季、热销的产品，优势在于它可以带动拓展新客户；选择低价的产品，优势在于相比中高价的产品，大家的接受程度会更高，覆盖人群也会更广。

第三步：分利模式设计

我发现80%的企业转型的原因都是他们看到了某一个品牌成功了，他们也想成功，于是就直接复制和套用别人的价格表，开始转型。但我不建议大家去复制和套用别人的模式。

对于品牌来说，不同的阶段，市场战略和产品定位是不一样的，对模式的阶段性调整也不一样。有可能是做增量，有可能是要增加利润，也有可能是要整合市场做招商，不同的需求有不同的做法，所以大家不要盲目复制。比如同样50元成本的面膜，如果两个客户的资源不一样，消费群体年龄阶段不一样，对这个产品的起盘需求不一样，自然定价也完全不一样，所以大家还是要理性、客观地制定分利模式。

第四步：社群结构设计

很多群成立得很草率，有了一个想法，马上就张罗人加入，这不合适。一个想长久发展的社群，一开始就要有社群结构设计。社群是由人构成的，社群的结构也包括人员的构成。一个好的社群，社群成员一定要多元化。杜群成员不能都是"大咖"，如果都是"大咖"，普通人提出的问题很难激发"大咖"回答的欲望，最后这个群将会变成通信录、找人群，因为没有人互动。当然社群成员也不能都是普通人，因为聊得没有深度，很快就变成了灌水群。因此多元化的社群成员能带来社群的创意碰撞，带来有趣的化学反应。

除了人员的构成，社群结构还可以从以下维度进行设计。

社群结构设计

按角色分	组织者	维护/输出者	参与/围观者	索取/求助者	挑战者
按价值分	社交	学习	卖货	购物	工作
按产品分	服饰鞋帽社群	美妆社群	母婴社群	水果生鲜社群	只是付费社群
按生命周期分	萌芽期	发展期	稳定运营/活跃期	衰落期	沉寂期

社群结构设计表

第五步：100个社群种子用户招募

100个社群种子用户招募

共同社交属性　　共同兴趣属性　　共同特殊需求

共同信任交叉　　共同购买属性

100 个社群种子用户招募图

种子用户招募，就是招商。在整个招商过程当中，大家的思路一定要清晰，我们并不是走一步看一步。比如卖房子，房子没盖之前，就要清楚地知道未来三年这些房子应该怎么分批次、分房型销售出去。做社交电商也一样，在产品上市之前、上市之后以及招到了一定规模的代理之后，每一步应该怎么做都要提前制定出标准化方案。另外，在招商的过程当中，很多传统企业老板都特别困惑一个问题，认为自己的产品非常好，大家也认可这个市场，可是就是缺少合适的代理人选。自己身边的资源都是非常有钱的老板，根本不屑成为我们的代理。确实这些老板他们不适合做代理，但是不代表他们的资源和人脉也不适合。

比如之前与我们合作过的海尔施特劳斯净水机在起盘的时候，整合了很多传统的老板，这些老板本身就已经非常成功，他们会为了赚几千几百块钱自己去卖一台净水机吗？不会！但是可以派一个项目负责人对接项目，按照品牌的运营按节奏执行。包括我们接触的一些国企，他们的员工资源怎么用，他们的渠道商资源怎么用，针对不同的人群，我们会给出不同的转化方案和招商方案。

第六步：运营体系搭建（拉群—促活—成交—引流—裂变）

一、社群运营流程

对于一个社群而言，有其完整的运营流程，具体包括：

（一）拉群

社群需要通过基础流量与裂变流量将相同用户画像的人聚在一起。

建群最重要的一步就是要对你的群进行一个全方位的定位，包括建群目的、用户人群、产品吸引点、群文化的定位。通俗讲就是这个群为谁提供什么样的价值。

在进行社群定位时，我们需要清楚以下几个问题：

第一，这个群是做什么的？比如是卖日用品的，这个就属于产品定位。

第二，社群的目标人群在哪里？这类群体比较广泛，只要有购买力的人，都可以成为我们的目标人群。

第三，拿什么去吸引获取用户？如产品的背书、企业的背书、专业的服务、售后保障……相对于其他平台，如何突出你的优势，让客户相信你、跟随你。

第四，用户凭什么要买你的产品？货源稳定、价格优势、质量保障、售后无忧等能打消客户顾虑的点。

第五，你的群文化是什么，主张什么，反对什么，倡导什么。

想好了这些问题，对社群的定位就已经初步形成了。接下来就要梳理社群的人员组织架构。

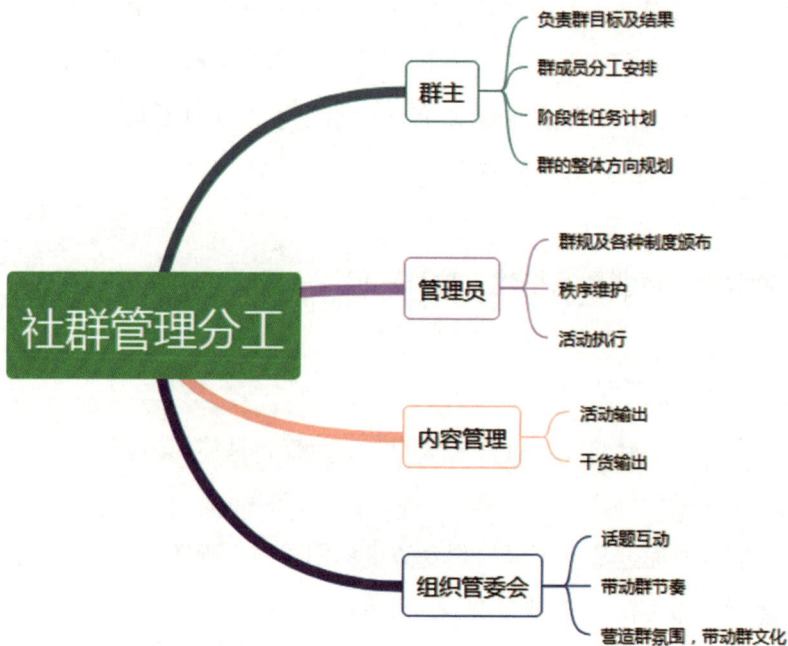

社群管理分工表

对于社群管理分工，可分成四个岗位，每个岗位及职责分别是：

群主：主要负责社群搭建、群成员搭建，需要确定和把控群方向、使命、目标、文化、价值观，还有后期引流等战略上的各种事务，群主可以说是一个群的灵魂领导者。

群管理员：职责包括8个版块：①制定群规、群公告、奖惩制度、淘汰机制等；②新人加入欢迎话术及形式；③咨询话术，问题解答模板；④日常监督群，维护群的秩序；⑤群活动的公布执行；⑥群内精华的整理；⑦对接红包发放、中奖统计；⑧线上、线下活动安排等。这个群是否活跃，能否长久运营下去，群管理员起着非常重要的作用。

内容管理：负责输出每日所需的图文和海报；策划活动流程设计；文案话术以及发圈话术等价值性的东西。

组织管委会：就是我们俗称的"水军"，或者是"托"，主要协助群管理员活跃群，带动群节奏，营造群氛围，推进群文化等，因此最好挑选情商高、脾气好、爱说、爱笑、知识面广的人来当管委会。

还需要强调一点，大家在建群前，一定要进行朋友圈的宣传和预热。如果不先宣传和预热，随便就把人拉进一个群，大家首先会觉得莫名其妙，然后可能会认为被骚扰而退群。因此，拉群前发圈做宣传和预热是非常有必要的。

拉群注意事项	
社群需要通过基础流量与裂变流量将相同用户画像的人聚在一起。	
1.如果是线上卖家，先拉一波种子用户再裂变； 如果是线下商家，店长拉客户进群即可，100%精准用户。	一、看性别 对于母婴、护肤、彩妆等社群都有性别要求，所以可以把男用户直接踢掉。
2.线上卖家用种子用户裂变拉群，要管理员审核，不合适的用户直接踢出。一个原则：宁可错杀一千，不要放过一个，为保证精准度，不确定的用户也要踢掉。常规做法是拉X人奖励XX。	二、看名字 1.字母开头的名字，A XX，直接踢掉，一般是营销号，会在你群里bo粉。 2.名字叫做姐，踢掉，一般是营销号。 3.名字是叠字，比如妮妮、笨笨，踢掉，一般是营销号。
3.卖货群，种子用户越多越精准，转化越高用线上种子用户拉人裂变，最少保持80个种子用户、最多拉到300-500人；行业交流群人数不宜超过200。	三、看头像 网红头像的直接踢掉，一般是营销号。

拉群注意事项表

（二）促活

打通用户触点，社群不活跃表示用户根本不看群，不看群就不会有转化。

类型	促活注意事项
1	促活只做一件事：根据所售产品确定群结构后，激发各角色功能，让群员充分交流。前期，群主要重度参与，激活社群。
2	群里安排3-5个自己人，前期，群主与自己人围绕与产品相关的主题交流、带带节奏。
3	自己人聊天过程中，能聊的人会逐渐露面，每次3-5人的聊天会扩大到6-10人，最终覆盖所有人。
4	群主多用@

促活注意事项表

（三）成交

生产内容，促进用户转化，让用户愿意购买产品。

引爆成交四大核心：物超所值、赠品给力、承诺退货、机会稀缺。

爆破式成交的玩法拆解

引爆成交四大核心

1.物超所值；2.赠品给力；3.承诺退货；4.机会稀缺。

微信群销售，跟线下会场一样的原理，群成员需要被氛围所影响。

如果群里没有人第一个买单，那么后面的人就很难产生购买行动。买单的人越多，那么后面的人行动力越强。

要产生这种效果，你必须要有一批核心的种子用户，他们会带头带头鼓掌、买单。

如果你能整合一些群主，跟你一起同步播课，那么N个群同步开课，同步成交，然后把买单学员的付款截图汇集在一起，就能给他在观望的粉丝一种排队抢购的紧张状态。

爆破式成交的玩法拆解表

（四）引流

社群就像鱼塘，当鱼塘建好了，我们就要想办法不断往里面放鱼苗，养更多的鱼，这个过程就是引流。想要快速精准引流，我们必须先弄清楚鱼儿画像，因为鱼的种类太多了，你得先清楚你要养什么鱼，是要养金鱼，养草鱼，还是养其他的鱼？清楚了你要养什么鱼，那接下来就要清楚你要养的鱼到底长什么样（画像对应）。比如卖一款蜂蜜，每一个人都可以喝蜂蜜，那么跟你直接相关的，能够直接下单的用户长什么样？根据分析，可能女士大于男士，而中老年对它的需求可能比年轻人要大一些。

用户画像分析

年 龄	性 别	职 业
收入情况	地域分布	兴趣爱好
上网活跃时间	合适销售产品	适合输出内容

举例

美妆社群	母婴社群
20-30岁	20-35岁
女	女
学生、职场	全职妈妈
30-40K/10-30K	……
富二代/白领/三四线城市	三四线城市
时尚穿戴、娱乐八卦、流行趋势、恋爱法则	育儿经验、婆媳关系、夫妻关系、社会时事
晚上20-24点	全天
低价爆款/大牌代购	品牌奶粉、玩具、衣服等日常用品
时尚潮流和种草、两性情感、八卦热点、热剧、明星	孕前孕后知识、育儿经验分享、家庭关系、社会八卦、产后恢复保养

用户画像分析表

除了要知道鱼儿画像，我们还要延伸画像，这样才能更快速找到更多精准的鱼。比如现在一个童装店要拉群引流，我们可以先从年龄（0~10岁）、性别（男女孩都有）、地域（若是线下实体店最好是同城或者是近店，若是电商平台，那就不限区域）等找到用户画像。然后再通过分析给"小孩买衣服的是他们的家长"来延伸画像，从而找到目标人群。另外，大家都知道现在的孩子除了上学，平时还要参加各种辅导班，所以我们还可以从一些培训机构和教育平台那里去找到更多的目标用户。

（五）裂变

一个人的力量是有限的，直接辐射抵达的人群也是有限的，所以我们需要借助大众的力量去传播裂变。其实社群最初始的用户就是自己的亲戚朋友，先有一批人进来帮着撑场面，就相当于有了第一批种子用户，我们可以借助这些人进行群的裂变，吸引更多的流量进来。一般裂变活动就是设置一个好处/福利作为诱饵，比如邀请几个新人/好友进群，能得到优惠或者能获得一些礼品；又比如加入群，每周会有健康知识、营养知识、宝妈育儿的知识分享等。

二、社群运营内容

社群运营内容图

一个社群的运营，其实包含了很多内容，在这里我只列举一些重要的。

关于素材制作。不同的产品，是用图片还是用视频去展示，应该配什么样的文案去发布产品，才能让大家第一时间关注到且有购买欲望。

关于话题发布。一般的代理都会用一些小号在群里面去带动不同的话题，比如在一些已婚妇女的宝妈群，如果发布一个最新的相对比较热的电视剧，里面涉及婆媳关系、夫妻关系、婚内出轨等热门话题，绝对能引起大家热烈讨论。另外，就是产品的发布节奏。我们应该搭配什么样的产品线，用什么样的节奏发布到群里，然后用什么样的活动形式去带动大家的购买等，这些都属于社群运营。

3.4 不同模式与社群的完美搭配

社群可以说是所有模式的盈利基础，当它去搭配不同的模式的时候，它所承担的角色功能是不一样。目前市场上存在的五种模式（社交电商、电商、实体、平台分销、商城、小程序、App、短视频直播），那到底与社群结合能产生什么好处？

3.4.1 微商＋社群

社交电商2019年的主流模式是社群！老微商巨头纷纷转入社群，还有一些单品品牌，也都很低调地在做社群。社群对微商品牌来说是进攻也是防守，各品牌都在用社群的模式帮助团队代理做终端出货的时候，你不做，你的团队就会被收割。社群能够帮代埋商把自己的流量变现，增加代理收入，同时也帮自己激活了团队和客户。

传统微商侧重静默成交（朋友圈下单），而不是一对一沟通，长期跟踪追单，所以终端动销一直存在问题，也导致了囤货、压货等一系列现象。而社群把一次性促活的动销活动和引流活动变成了每天圈养客户的福利，是终端动销目前最有效的模式。

3.4.2　电商＋社群

电商跟实体一样都属于公域流量，商家需要付费向平台购买流量。而公域流量有一个问题：一次性，没有能够形成单次流量长期免费使用的效果，客户每一次复购，你都要二次缴纳客户的流量费用。对于商家来说，这是一个额外的成本，一种没有主动权也不稳定的方式。

所以我们把所有电商的公域流量，导入到我们的微信群里，开启我们的"个人小淘宝"，这样二次及以后的客户开发就没有流量成本，还可把C变成B。淘宝无法裂变新用户，只能购买新用户，而社群能够轻松实现裂变私域流量新用户。

3.4.3　平台/商城+社群

平台/商城，除了有大量的流量基数，它还有裂变C端、承载数据以及管理数据的功能。它也是一个智能化的交易工具，能够充分地进行产品展示，其实这一块儿主要是替代了电商的一个功能。

但它也有缺点，它本身不具备任何的运营效应，也不具备B端的裂变和经营能力。所以在加入社群之后，首先增加了C端复购孵化的方式。因为毕竟我们在平台下单没有形成任何的对话和交流。而在社群，大家是互动的，是有温度的，能加强用户黏性，让用户持续购买。

还有一点，在社群里可以植入我们的社交属性以及内容属性，赋予我们整个品牌更多的价值输出。这一点大家对应车主群就很容易理解了。

最后一个就是它能够增加售后服务，形成消费带动消费、消费者安利消费者、消费者教育消费者的一个新形式。

3.4.4　实体店＋社群

实体区域局限性强，不进店无法触达客户销售产品。加了社群，就可以把线下的产品搬到线上卖，卖给所有人，以品牌为IP，建立顾客或粉丝的交流平台。

2020年的新冠病毒疫情逼迫着很多实体店不得不进行转型，而转型最成功的形式就是"直播＋社群"，有一些商家就凭借着这种方式，不仅稳定了业绩，甚至超过了原来的收入。

举个例子，攀枝花市欧珀莱柜台导购。

在欧珀莱专柜有一位导购员变身"主播"，用手机进行一场线上购物直播，她的周围摆满了各种化妆品，在直播过程中不停地以对话的形式和网友进行互动，"直播间"的热闹氛围与商场内的寥寥几人形成了鲜明对比。直播后把客户再加到社群里，社群内也会出一些秒杀的活动，增加客户的活跃度，询价的、付款的，都会在群内进行互动，群内交易量甚至超过了之前线下实体的营业额。

3.4.5 短视频直播＋社群

目前，根据我们新工具测试出来的结果，效果最好的模式就是把直播和社群结合。

直播，就像在卖场门口做的促销活动，在特定时间段内快速达成交易的效果非常好。但是单次促销活动销量再好，都不如让客户重复到店销量高。我们促销的目的就是通过这次促销，让新客户认准这家店。

直播，单次强触达用户。

社群，持续关系的建立。

私域流量，持续成交。

如果单做直播，成交量和成交额一定不会最好，一次性买卖，只有结合社群把用户圈起来养起来才能获得更多更持久的用户价值。如果直播是出海捕鱼的网，社群就是建塘养鱼。因为社群可以提高直播粉丝的黏性，也可以提升直播中粉丝的在线人数，而直播可以把路人粉沉淀到你的社群中再进行营销和裂变，直播和社群就是双向导流的模式。

社群不像朋友圈，静默下单，像个无人售货机。社群更像一家店，有人在卖，有人在买，有购买氛围。社群的群体行为环境，容易带动群体效应，不管聊天、逛街还是购物，反正有人气才有生意。人来了就是机会，比发传单、劳财费力的效果更好，社群还不需要成本。

3.5 不同行业嫁接社群打造私域流量闭环法则

原来说社群是趋势，然而现在社群已经几乎成为每个企业的必备工具，"不做社群的企业都是在裸奔"。据统计，如今微信每天新增300万个群，社群已经成为新一轮的流量红利。就企业而言，社群的意义大概有两种。

一种是社群的存在作为商业模式中的一环，比如某企业新上线某类减肥产品，正在测试阶段，想要快速低成本的招募到精准的种子用户，与迫切想要减肥的人群建立联系，社群正好可以满足这个需求。这种减肥社群就作为这个项目中的一环，为项目上线提供协助。等到测试项目完成，产品有了稳定的用户来源，这个社群基本上就完成了自己的使命。

还有一种是社群本身就可以完成一种商业模式闭环，或者作为一个独立的项目来经营。例如电商平台的企业，大部分老板都有搭建自己的社群，沉淀电商流量到社群，并通过社群进行用户触达及维护，提供优质的产品或服务，让客户愿意留下。当今时代，任何事物都容易被模仿，只有你和客户的关系模仿不了。这类社群有着自身完整的业务流程，与原业务互不影响，独立运营或者与其他部门合作进行流量搭建和运营。

以上主要介绍了对于企业而言运营社群的主要意义。无论是哪一种类型的社群，运营的核心都是"与更多用户建立更紧密的关系"。

下面就跟大家解析一下不同行业是如何嫁接社群打造私域流量成交

闭环的。

第一种是实体服装行业。线下服装店其实在电商时代就已经受到了较大的波及，现在很多实体店都有自己的社群，以维护老客户为目的，但是很多做的都不到位，缺乏维护，沉寂了。2020年受疫情严重影响，实体店建立的社群开始活跃，在群里进行抢购、秒杀、清货、打折等各种活动。

举个例子，我之前在某商城买衣服，然后添加了店里的微信号，添加完之后，他们并没有进行私聊或者拉群等进一步影响我。直到2020年过年期间，突然把我拉到他们的群里，店家开始在群里进行服装售卖，像ONLY，欧时力，原来卖一千多的衣服，在群里只卖三四百了，销售非常火爆。库存很快就被清空，接着店主又开始玩起了预售模式，可以说把群做得风生水起。

由此可见社群对实体店越来越重要，如果学不会社群营销法，很多商家基本上会出现销售难、赚得少、复购低等现象，造成最直接的后果就是倒闭。但是如果学会布局社群营销，经营一段时间后，你就会发现产品供不应求、营业额上升、复购、转介绍增多、新粉丝也在不断增加。

第二种是知识付费。这个行业做社群是比较早的。社群渐渐成为这个行业变现的途径。接下来我们通过一个案例来了解一下知识付费类社群。相信对社群有过了解的人多少都听过彪悍社群，其创始人是自媒体大咖——彪悍一只猫。彪悍社群将不同地域不同行业的人联合到一起，让成员眼界不再局限，真正意识到"人外有人，天外有天"。内容成体系、有干货、有故事，能给人启发。多元化的传播渠道，抓住时间窗口，饱和攻击，迅速占据用户心智。群内每天的读书写作打卡，运营人员会把数据用图表呈现出来，对获得优秀作业的学员，会用海报做成勋章进行展示。彪悍社群最高打卡率达97.8%，这是其他社群难以企及的高度。彪悍社群还分不同的营地，比如行动营、读书营、牛人进化营，每个阶段的社群，都有更完善的学习体系，能够让群成员不断地获得提升。在社群的活动中，运营人员会从学员的反馈中分析问题，并且从学员中发展运营人员，培养学员的主人翁意识，这就是互动化营销的一种方式。

第三种是服务行业中教培机构的社群嫁接。对于教培机构而言，要解决两个问题，一是流量怎么来，二是转化怎么做。这也是其他很多行业的痛点。流量怎么来？首先需要有一个免费和超值的引流品，教育培训的引流品基本都是试听课，或者是各种资料。只要你的课程足够好，足够精准，足够能引起别人共鸣，让别人产生兴趣，再借助客户"既然是免费的，为什么不去看看呢？"这样的心理，教培机构很容易就能收获第一批种子用户。教培机构对于第一批种子用户会非常友好，目的在于给用户留下一个深刻而良好的第一印象，让他们觉得靠谱、物超所值，后面再进行转化就容易得多。

在移动互联网时代，社群是教育培训机构招生、口碑传播的利器，并且在拉新、裂变、续费、老带新等方面都取得了奇效。

第四种是层级微商行业。社群是这个行业进行维护和裂变的重要一环，这个行业搭建的社群一般有三种类型：第一种是代理群，是日常维护代理和公布活动以及授课的途径；第二种是顾客群，一般是零售顾客群，其实也是一个把购买过产品的顾客培育成新代理的群；第三种是引流裂变群，即进行一些小的引流裂变活动所需而临时拉的群，这种群的群员大部分是通过小福利或者某种公开课吸引进来的，后期需要进一步把粉丝发展到顾客群或者代理群。在这三种群中，最活跃的一定是代理群，然后是顾客群，最后是裂变群，因为进群需要付出的不一样，想要得到的价值也不一样，这也是社群的魅力所在。

第五种是生鲜电商行业。这个行业突破了传统的菜市场采买模式，直接线上购物，配送时效性高、客户体验较好，结合社群客户，黏性更强。在此给大家分享下这个行业的佼佼者"每日优鲜"是如何嫁接社群的。每日优鲜着重打造社群运营，基于社交的裂变和口碑营销，打通线上线下，线上广建微信群，在群里发布新品、优惠、食的新潮做法等内容，积极与消费者互动，营造良好的用户社群氛围。与此同时，线下多次举办粉丝见面会、音乐节等活动，与潜在用户和消费者展开深层次接触，提高用户黏性。每日优鲜把"顾客至上"这个理念真正落到了实处，把为顾客服务摆在第一位，想顾客之所想，急顾客之所急，满足顾客之所需，也正因如此，每日优鲜有了稳定的客户量。

第六种是餐饮行业。新冠病毒疫情期间，西贝莜面村靠一篇《只能活3个月》的文章爆火之后，不仅拿到了贷款，还开启了开卖模式，开始在电商平台上售卖新鲜蔬菜、自有预包装的食材、食品等。

餐饮行业的社群主要是送福利，比如设定每周的某一天为会员日，所有产品打八折，或者每周固定一天在群里进行抽奖。

做社群一定要有活动，活动类型有很多，大家可以结合自己实际情况去操作。下面给大家看一个社群的活动案例：

1.会员日，每周二设为会员日，会员日所有菜品8.5折，节假日除外。

2.周三社群抽奖，奖项设置4名，第一名霸王餐一份，第二名价值××（可以是高价）套餐一份，第三名七折，第四名100元抵用金，抽奖时间设置在周三下午四点，使用时间为一周（周六、周日不能使用）。

3.生日就餐送寿面和水果拼盘一份。

4.每次抽奖结束后，群里发10元红包，恭喜××中奖，活跃气氛，给中奖者一点仪式感，促进中奖者的消费情绪和传播情绪。这就是与其独乐乐，不如众乐乐。

5.当中奖者来店消费时，要求中奖者拍照或者拍视频发到群里，并说明今天来兑奖，之后发挥水军的带头作用，用羡慕的情绪含蓄地表扬店家，管理者再出来控场，对客户的支持表示感谢。

以前，营销体系更多是一个漏斗模型，一级一级地转化，效率比较低。现在是社群时代，营销进入2.0，更加注重口碑，强调互动、裂变和传播。

现在的社群实现了人与人、人与物之间的连接，提升了营销和服务的深度，建立起会员体系，增强了品牌影响力和用户归属感，为企业发展赋予新的驱动力。

未来，每个企业、每个品牌，必将需要加上社群这个新模式进行选代升级。

最后跟大家分享两个我们服务过的客户案例：家有良物和果霸联盟，如果大家要转型做社群，可作为参照。

"家有良物"案例

家有良物老板是做农业种植出身的，以前专门卖大米，后来自己买直销产品受益，开始关注直销模式，经过了解，认为直销模式不适合她的产品，就选择了社群零售模式。2019年9月开始跟我们合作，虽然他们的代理不到200人，但是每位代理都有200人左右的群，每人交易额1万~5万/月，卖的都是高精尖产品，价格从二三十到几千块不等。目前他们的流水达到每个月250万左右，日单量破3000单。

"果霸联盟"案例

果霸联盟老板是做农特出身的，之前做传统生鲜经营不佳，后转型线上社群零售模式。第一批利用低价水果供应链优势进行大学校园派送和引流，招募了大批大学生代理。社区联动引流，招募了一批宝妈代理。社群起盘2个月，日单量突破3000单，月流水300万左右。

第 4 章　短视频引流 / 带货 / 招商模式

如果说4G是图文时代，那5G一定是视频时代。随着5G手机、5G网络逐渐普及，短视频将继续加速发展，是大家绝不能错过的赚钱风口！不管是素人、互联网创业者、传统企业、实体店老板，都可以利用短视频增加客源，甚至可以用短视频二次创业。很多人都后悔在5年前没有做微信公众号，错过了红利期，如果这次大家还不抓住机会，那么相信5年后，同样会后悔没有做短视频！

4.1　帐号定位与内容运营策划

4.1.1　账号定位

不管是个人号还是企业号，首先定位原创，即自己拍摄、制作，而不是搬运，这是最基本的条件。账号定位直接决定了账号的涨粉速度、变现方式、赚钱多少、赚钱的难度、引流的效果还有内容布局。做账号定位具体分为两步：

第一步：垂直定位

首先，一个抖音账号要有明确清晰的定位——做垂直领域的内容。当垂直领域视频接近饱和，需要另辟蹊径，开发全新的领域。一个账号只专注一个领域（垂直定位），不能今天发美食，明天发英语，后天发游戏。同时，用户在制作视频内容的时候不能随意去定位，否则到后面你会发现越更新越难，越更新越累，乃至没有内容更新。只有账号定位越精准、越垂直，粉丝才越精准，变现才越轻松。

第二步：竞品分析

竞品主要是指竞争产品，竞品分析就是对竞争对手的产品进行比较分析。在做短视频的账号定位时，竞品分析非常重要，如果该领域的竞争非常激烈，除非你有非常明确的优势，能够超越竞争对手，否则不建议进入。竞品分析可以从主观和客观两个方面同时进行。

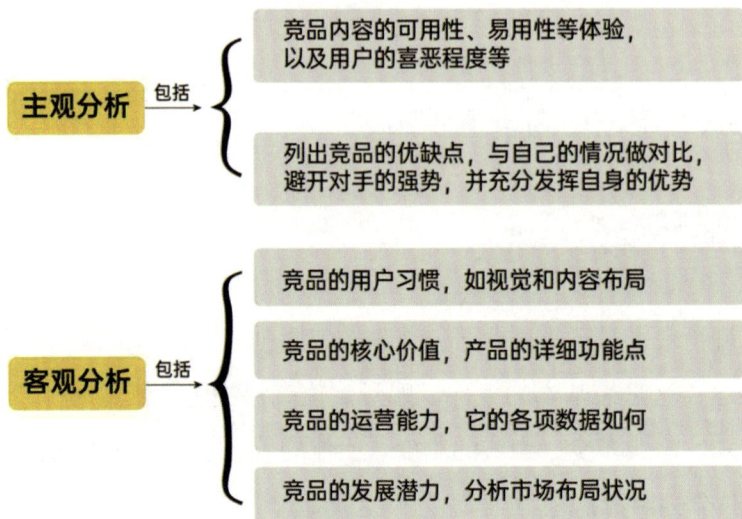

主观分析 → 包括 {
竞品内容的可用性、易用性等体验，以及用户的喜恶程度等

列出竞品的优缺点，与自己的情况做对比，避开对手的强势，并充分发挥自身的优势
}

客观分析 → 包括 {
竞品的用户习惯，如视觉和内容布局

竞品的核心价值，产品的详细功能点

竞品的运营能力，它的各项数据如何

竞品的发展潜力，分析市场布局状况
}

竞品分析表

大家一定要多观察同领域的热门账号，及时了解对手的数据和内容，这件事需要持之以恒地去做，才能有效提升自己账号的竞争优势。即使我们不能击败自己的竞争对手，也一定要向其学习，这将帮助我们更有效地做好自己的定位和优化运营。

4.1.2　内容运营策划

关于短视频的内容运营策划，大致可以分为三步。

第一步，确定领域。找领域其实就是为账号定标签，作用就是让用户识别你、认出你，从而抢占用户心智，增强粉丝黏性，留住粉丝。

短视频里面的热门领域内容大致分为五个大类：

第一类，颜值：小哥哥、小姐姐、萌娃、萌宠。

第二类，才艺表演：技术流、舞蹈、手工、唱歌、特效、配音、美术、搞笑、画画、编发等。

第三类，兴趣：健身、动漫、美食、美妆、情感、摄影、影视、音乐、街拍。

第四类，教学：PS教学、办公软件、抖音运镜、母婴知识、亲子知识、英语、创业、考试技巧等。

第五类，名人：主持人、演员、明星、名人、网红、歌手、认证企业。

大家在选择领域的时候还要考虑以下几点：

第一，要选择你喜欢的，因为喜欢，你才会花时间去研究。

第二，要找你擅长的，做自己擅长的，可以极大地缩短摸索的时间，也能最快地进入角色，展示自己的技能。

第三，市场前景好的，也就是现在社会上大家都喜欢看的内容，如果还能符合你擅长和喜欢的这两点，便是最好的。

第二步，深度内容。做深度内容，其实就是只更新跟你当前定位的领域相关的内容。什么样的定位，直接决定了我们要更新什么样的内容，也决定了账号的运营方向。

关于定位，给大家分享"381理论"。

"3"是满足你喜欢，你擅长，并且市场前景好的这3个因素。

"8"代表大家每天花8个小时在短视频上面，如果不愿花太多时间和精力，有可能很快就被同行超越甚至打败。

"1"是专注一个领域，大家不要什么领域都想涉及，只需要专注一个领域即可，然后不断进行深挖，这样成功的可能性才会变大。

第三步，持续分享。持续分享是最重要的环节！那些运营得好，有几十万、上百万粉丝的账号，除了定位精准、聚焦行业、更新实用的内容，还有最重要的一点就是每日或每周更新至少一个原创优质视频。

4.2　从 0 注册一周爆粉的帐号打造公式

在完成账号定位以及内容策划之后，大家就可以着手注册账号以及养号了。不同的短视频平台有不同的注册和养号规则。我总结了抖音、快手和微信视频号三个平台的注册以及养号的具体操作。

4.2.1　抖音

一、注册账号

我推荐大家准备一个没有注册过抖音的实名认证的手机号码，如果没有新的手机号码，可以使用之前注册过的号码，但必须解绑24小时以上再进行注册。

二、完善

注册后，可以选择用手机号码注册时把能完善的资料一次性完成，后期不要频繁改动。也可以注册完后先不完善资料，养3天之后再进行完善。

三、养号

抖音的养号一般是7天，养好的账号视频播放量是500起步，有80%的上热门概率。

注册完之后，不要修改账号的任何资料，可以看同行的视频，大概1个小时左右，可以点赞，但最好不要评论。

第二天，同样先不要动账号的资料，要在刷视频、点赞的同时留言、评论，之后再去看别人的直播，充值打赏，这步操作可以增加账号的权重。大概花两个小时就够了。第三天，想要修改账号头像、签名、年龄、地区等信息的朋友，就可以去完善了。

第四天和第五天大家还要继续养号，依旧去刷视频、去点赞、去评论，再逛会儿直播，时间可控制在2~3个小时左右。

第六天，可以开始测试自己的账号了，在账号上发布3~5个作品，前5个作品都是抖音人工审核的，最好用抖音自带的摄像拍摄，不管是拍人物、物品，还是风景，作品建议最好是高清1080P画质。

第七天，要关注一下作品的发布效果，如果播放量是正常（正常的播放是500，有时300~400也算正常），那么就表示你的账号是正常的，可以进行下一步操作了。

另外养号的时候大家可以思考如何给你的账号起一个好的名字，一个好的名字能够给账号涨粉，如果你的名字、标签不好，很有可能会掉粉。

账号起名字第一点是要通俗易懂、朗朗上口，没有中英文夹杂，没有深奥冷僻生字，让大家很容易就记住，比如Papi酱、毛毛姐、办公室小野等。第二点是名字里加行业定位，这样吸引来的粉丝会更精准。比如郭大力健身，用户一看就知道他叫郭大力是教健身知识的，那么关注他的肯定都是对健身感兴趣的用户。第三点是带给用户价值感，比如说瑜伽指南、职场规则、美妆种草等，直接在名字上体现自己的价值。

四、作品发布

选择合适的时间点发布作品也非常重要。根据相关数据测试分析，我总结出了以下几个好的发布时间点，大家可以参考：

工作日（星期一至星期五）：早7:00-8:00；中午12:00-13:00；晚上18:00-22:00，励志和创业类的也可以零点发布。

节假日（周六日、"五一"假、"十一"假、春节假等）：上午10:00；下午15:00-16:00；晚上18:00-22:00。

五、视频被推荐上热门的三大关键

1.视频的完播率。

2.点赞率。

3.评论率。

关于点赞和评论，要注意的一点是千万不要频繁地点赞，每刷10个作品点1个赞就可以了，有效的评论每天2~5个就够了。那什么是有效的评论？有效的评论就是你去评论别人，别人给你回复了，一来一回就是一个有效的评论。大家可以去找同城的视频进行评论，因为同城的粉丝一般不太多，给他评论基本都会回复。另外大家要去给你的同行点赞，形成你的一个喜好推荐，直到系统给你推荐60%以上的短视频都是你关注的领域，你的抖音号就算是系统标签化了。这样的号，以后在发布同领域的作品时推荐量会更多、权重会更高。

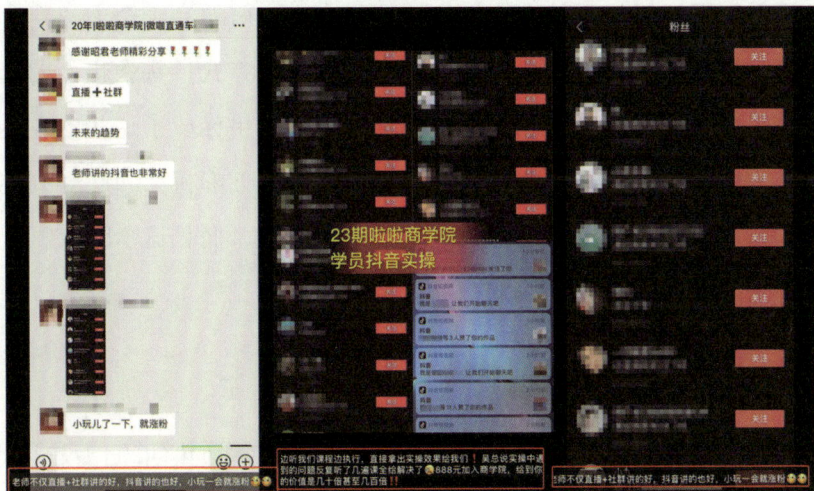

23 期啦啦商学院学员抖音实操图

4.2.2　快手

一、账号注册基础信息填写

1.规范的名字：3~5个常用汉字，作为名称（可采用形容词＋名词形式）树立特色个人IP。

2.绑定手机号。

3.开通账号保护。

4.实名认证。

5.填写性别。

6.生日/星座和所在地。

7.个人介绍：个人创业经历＋个人最大亮点。

8.平台头像：五官清晰的大头照。

9.背景：最好也先设置为五官清晰的全身照（旅游照片等）。

在注册的时候建议大家用手机号去注册，因为手机号是实名认证过的，用手机号注册权重就会比较高。接下来大家就要完善个人资料、头像签名等，但是个人资料最好不要放个人的联系方式，头像也不要出现二维码等联系方式，在没有粉丝量的情况下，如果你放了这些内容，官方会认为你是想导流到其他地方平台，以至于给你降权。因此等到你有一定的粉丝量以后，再添加个人联系方式也不迟，而且这个时候官方会默认答应。

二、养号技巧

注册完成后，大家就可以去浏览同行账号和本地热门（1万粉以上）快手达人账号并关注、点赞和评论。然后去看快手直播，最少两天看一场，每场观看时长不低于15分钟，在直播间尽量与主播互动，对他/她进行点赞和打赏。注册大概3天后再开始发作品，建议大家第一条作品加上位置定位，并且不要植入产品广告。其实养号很简单，就是把官方的功能都用起来。

有了快手账号之后，大家就要考虑个人IP定位，这个很关键。个人IP定位具体该如何去做？

第一，要确定玩快手的目的，是图有趣还是想赚钱。

第二，定位作品的类型，搞笑类、情感类、美食类、美妆类，还是知识分享类等，建议大家根据自己擅长的、感兴趣的领域去定位。

第三，确定作品格式，发布的作品是视频形式，还是图片形式，或者是两者相结合？

第四，定位粉丝群，你想吸引什么类型的粉丝，学生，宝妈，90后，还是爱美爱化妆的女性？

第五，确定发布作品的时间，确定作品制作和发布计划等。

另外大家在IP打造的过程中，还要思考一件事情，就是账号装修。账号装修一般是对账号昵称、账号头像、个人介绍、背景照片的装修。

1.账号昵称：通俗易懂的名字。好的IP一般都会有一个通俗易懂的名字。因为让粉丝关注后，通俗易懂的名字很快就能被记住。

2.账号头像：头像也能增强粉丝对你的信任，因为除了名字，大家最直观看到的是头像。头像的要求不多，正常清晰、符合定位即可。

3.个人介绍：可以放一些有趣的个人事迹、心灵鸡汤、正能量句子、段子等，引起粉丝的兴趣。

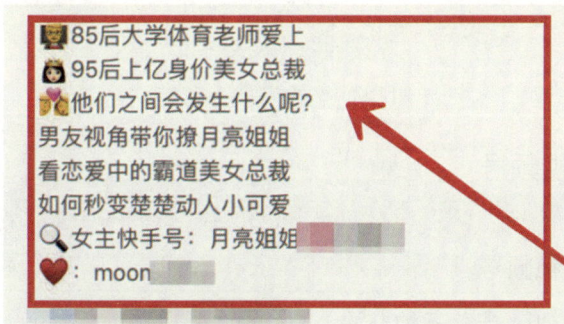

个人介绍案例图

4.背景照片：一张好的背景照片除了吸引眼球，同时也体现出了个人形象，增加粉丝对你的信任，不会轻易取消关注。

背景照片案例图1

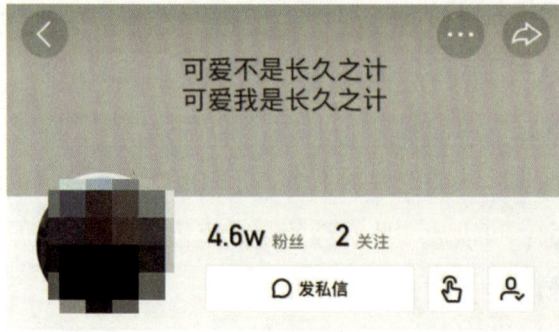

背景照片案例图 2

4.2.3 微信视频号

一、开通视频号

目前开通视频号有三种办法。

1.腾讯团队内测邀请。

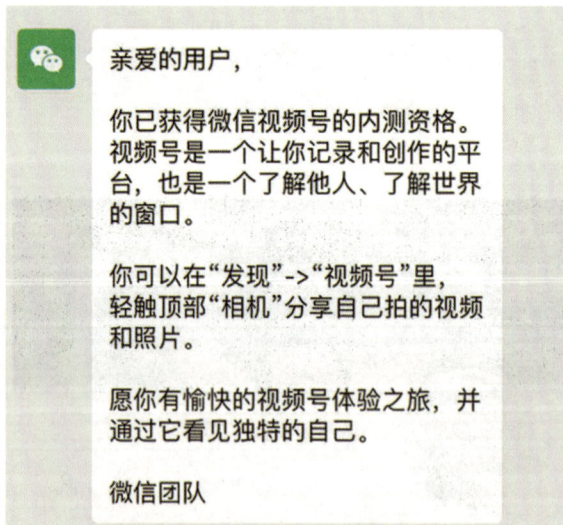

亲爱的用户，

你已获得微信视频号的内测资格。视频号是一个让你记录和创作的平台，也是一个了解他人、了解世界的窗口。

你可以在"发现"->"视频号"里，轻触顶部"相机"分享自己拍的视频和照片。

愿你有愉快的视频号体验之旅，并通过它看见独特的自己。

微信团队

腾讯团队内测邀请图

2.让有视频号邀请权限的人获取邀请链接，不过，目前只有部分人有邀请链接，而且一个人最多可以邀请3个好友开通。

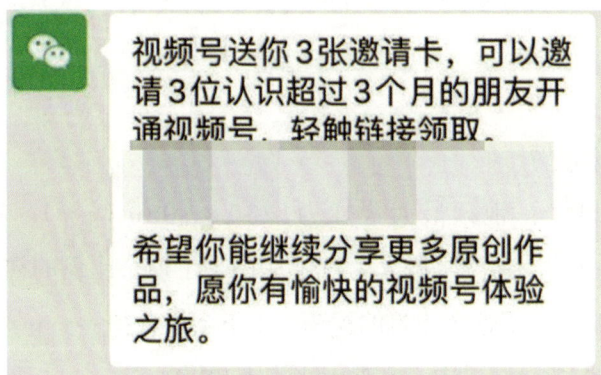

视频号邀请链接图

3.邮件申请：channels@@tencent.com

（1）邮件标题：视频号内测＋姓名或主题名。

（2）正文要注明身份信息（如微信号、个人或机构介绍），影响力证明（如其他平台粉丝、作品等信息）。

二、开通时注意事项

1.账号名称要简单好记，一个微信号只能申请一个视频号，如果是企业，建议使用合适的微信号开通。

2.账号名称要跟自己打算做的内容相关。

3.账号名称具有唯一性，不得与已成功注册的账号名称重复，并且每年只能修改2次。

另还需注意：

1.账号开通后，三天内要发布作品，否则账号会被收回。

2.个人简介不可有导流到其他平台动作。

3.用户名称不可夸大引起资质质疑。

4.不可带导流图像。

5.主页封面不可以有诱导关注动作。

注意以上几个操作，否则会面临禁言或封号。

三、基本设置

1.视频尺寸：视频最大尺寸为1230×1080（px），最小尺寸为608×1080（px）。高宽比最大为11∶10，小于这个比例的视频，上下以黑色背景填充；大于这个比例的视频，上下会被裁掉。

2. 视频时长：60s以内，文件大小小于30MB。

3.图片内容：最多发9张，单图展示，文件大小不超过5MB。

4.文字描述：文案可以超过140字，超过三个非空白行会被折叠。

5.视频封面：不支持自定义，默视频第一秒画面，所以第一秒的设计很重要。

快速涨粉攻略：

1.封面图写出精彩的Slogan，激发用户观看欲望。

2.标题放大，吸引用户注意力。

3.话题贴近日常生活，接地气。

4.干货选题能吸引好奇心。

5.抽象的话题要举例子讲故事。

6.BGM与视频内容相辅相成。

7.坚持原创，持续输出优质垂直的短视频内容，每天有规律性地发布5条内容。

8.转发给好友，分享到微信群、朋友圈，提高视频曝光度。

9.评论区互动，利用评论区置顶功能做引导吸粉。

10.添加公众号文章链接，与公众号互相导流，打造流量闭环。

4.3　视频脚本策划与撰写

什么是拍摄脚本？简单说，就是拍摄视频的大纲。一般是给正式拍摄时导演和摄像以及后期编辑时编辑师看的。对于新手来说，想要成为短视频达人，首先要先学会写脚本。而在写脚本前，我们还需要确定作品思路和流程，也就是前期策划，因为它是脚本的依据。

4.3.1　前期策划

一、主题定位

视频要表现什么中心思想？通过短视频故事想反映什么样的主题？是美食、服装穿搭，还是小剧情。

二、框架搭建

确定好作品主题后考虑拍摄框架，比如故事线索、人物数量、人物关系、场景设置等。

三、故事线索

故事剧情怎么发展，依靠怎样的冲突来推动？故事采用正叙、倒叙还是插叙？场景之间如何衔接等涉及叙事逻辑和拍摄细节的问题，都需要我们去细化、理清。

四、拍摄格调

这一步需要根据故事的风格（搞笑、科普、悲剧等）来确定运用什么样的情绪影调（冷调、暖调、科技、光影等），以及配合的背景音乐等。

4.3.2 脚本撰写

脚本一般分为三类：拍摄提纲、分镜头脚本和文学脚本，分别适用于不同类型的短视频。

一、拍摄提纲

拍摄提纲是一个vlog的框架，对拍摄内容起提示作用。对于vlog来说，其随意性大、力求自然，提纲一般只需要确定拍摄的主题、地点和人物即可。

二、分镜头脚本

分镜头脚本，是导演脚本，适用于故事性强的短视频。分镜头脚本是将文字转换成可以用镜头表达的画面，包括画面内容、景别、时长、镜头运用、机位、音效等。分镜头脚本一定程度上已经是"可视化"影像了。分镜头脚本对画面的要求极高，创作也较耗时耗力。

三、文学脚本

文学脚本，是编剧脚本，不需要像分镜头脚本一样那么细致，适用于弱剧情短视频，常用于教学视频、测评视频等。在文学脚本中，只需要规定人物需要做的任务、说的台词、所选用的镜头和整期节目的长短。

脚本写多了，总会形成一定的套路和模版，在这里我给大家列举几个例子作为参考。

1.搞笑段子=熟悉的场景＋意外转折＋意外转折

2.心灵鸡汤=故事情景＋金句亮点＋总结

3.教程教学=提出问题＋解决方案＋展示总结

4.单品种草=超赞产品＋亮点1＋亮点2＋亮点3

（单品种草=超赞产品＋适用场景＋非适用场景＋总结）

......

4.4 必备拍摄工具器材及拍摄技巧

4.4.1 必备拍摄工具器材

当我们写好脚本，确定要拍什么内容后，就需要准备好拍摄工具和器材，接下来我给大家介绍一些常用的短视频拍摄工具和器材。

一、拍摄工具

对于一般的创作者来说，拍摄设备一个手机就可以了（相机成本高、不好操作，手机简单又方便，随时记录随时拍摄）。关于手机，推荐大家用整体拍摄效果较好的iPhone。iPhone 11自带广角效果，能够解决日程拍摄需求。除了iPhone，大家也可以选择华为Mate30Pro，双4000万像素的超感光徕卡电影四摄，这也是行业首款采用4000万像素双主摄的手机，细节还原更更好，对光的控制、颜色对比度、四周的噪点等都很出色，还支持超级夜景模式。

二、拍摄器材

1.多功能补光灯手机支架

作为手机支架，可以任意调节角度，使用起来非常方便。其带补光灯的效果，可以让直播和拍照显得更加自然，一般会有暖光、冷光和日光三种亮度，大家可以根据现场环境光线进行调节，室内户外都可用。参考价位：150~300元。

多功能补光灯手机支架图

2.便携式拍照补光灯

可用于自拍或拍摄近景视频补光，可以自由调节镜头的亮度，通过美颜灯，让人物脸部更加立体，让食物看起来更有食欲。参考价位：20~45元。

便携式拍照补光灯图

4.4.2 拍摄技巧

接下来我们讲一下短视频的一些拍摄技巧。

第一，设置好视频的分辨率，通用格式设置为1080像素，60帧。

第二，用好辅助工具，如果你需要拍摄一分钟的长视频，可以使用三脚架，既保证画面稳定又不需要用手举。出去外拍，三脚架也是必备的辅助工具。除了三脚架，大家还可以用手机稳定器进行拍摄，它可以保证我们在移动时画面依然是稳定的。

第三，有主题的视频才有灵魂。

第四，掌握构图技巧，提升画面美感。建议大家多看、多研究、多模仿一些拍得好的大V，模仿得多了，自己就找到感觉了。

第五，掌握8个运镜技巧，让你的画面动起来。

1.对着主题向上环绕拍摄。

2.主体在中间左运镜。

3.主体在中间右运镜。

4.向主体推进在右边拉出。

5.镜头向前平移推进。

6.由远及近带点旋转。

7.由近及远反方向旋转。

8.对准主题后退。

第六，学会4种运镜方法，视频瞬间提升一个档次。

1.画面推进，从远到近，从大到小。

2.画面拉动，和画面推动相反。

3.画面转动，90度、180度、360度旋转画面。

4.画面移动，向左移动，向右移动。

学会了拍摄，想呈现出一个好的视频，后期剪辑也很关键。在这里我给大家推荐一些好用的剪辑软件，帮助大家更好地完成视频剪辑。

1.快影

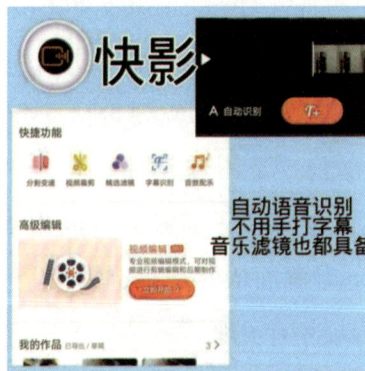

快影界面图

快影的分割、变速、复制、视频剪辑、音乐、滤镜、配音、倒放等功能齐全。最便捷的是可以自动识别视频原声变成字幕，不用手打字幕，特别方便。

2.InShot

InSho 界面图

这个软件视频的加边框功能操作简单，自行设置屏幕的比例，另外也可以去水印，还包含了各种贴纸、特效、剪切、画布、滤镜、音乐、速度、背景、文本及动态表情符号、旋转、翻转等功能。

3.VUE

VUE 界面图

这个软件有自带模板，可以快速上传多个视频进行剪辑。有很多滤镜可以选择，镜头快慢也可以随意调节，添加字幕、背景音乐等基础功能也都很齐全。

另外还有巧影、猫饼这种场景比较多，操作复杂，适用于精细化剪辑的工具。

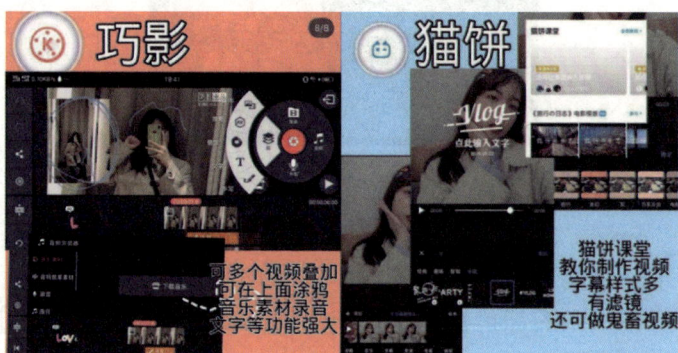

巧影、猫饼界面图

剪辑工具有很多，大家只需要选几款常用的、自己用得顺手的就可以了。

4.5　打造爆款热门视频攻略

5G时代，虽然人人都在玩短视频，但是超过95%以上的账号，粉丝不足1万。而在1万~10万粉丝之间徘徊，迟迟不能突破的账号，又占据剩余5%的近半数之多。那么我们如何做才能挤进那剩余2.5%的热门行列中呢？接下来我就把一些快速上热门的运营攻略教给大家。

要想上热门，大家首先要了解平台的机制，比如，抖音的推荐机制是"人工＋算法"，这个推荐机制可以分成三个阶段来理解：

第一步，上传视频后，人工审核加标签，再算法推荐人群，根据账号权重，推荐人数为20~250。

第二步，根据第一次推荐的评论、点赞、分享数量来计算。具体公式：热度=a.视频完播率＋b.评论数量＋c.点赞数量＋d.分享数量；权重顺序：a>b>c>d。

第三步，数据反馈达标，就会进入下一个流量池，这个流量池人数在1000~5000人之间，进入更大的流量池，还是根据上面的公式进行。

了解平台的机制后，大家要学会起标题。很多时候视频没火，是因为标题没起好，没有抓住大家的眼球、吸引粉丝的关注。标题是视频的眼睛，标题起得好，点击量就高，获得平台的推荐就多。

关于标题的作用，最核心的有两个，第一是给用户看，吸引客户点击；第二是给平台看，目的是获得平台更多的精准推荐。例如，围绕给用户看的几种常见的表达形式：简单叙事、设置悬念、刺激互动、情感共鸣等。

关于给平台看，短视频的审核机制是"机器人审核＋人工审核"，而视频的标题第一时间是给机器人看的，然后才是人工，因此大家写标题的时候要根据自己的定位写关键词。比如定位护肤的账号，就可以在标签里用上"护肤、彩妆、口红、面膜"等词汇。这样做的目的是让机器人认为你的账号是属于垂直领域的账号，从而把你的视频推荐给该领域感兴趣的人，让你的粉丝更加精准。

4.6 打造精准变现的垂直账号，拥有私人 ATM 机

提到短视频红利的本质，大家都知道要打造私域流量。什么是私域流量？其实就是可以被反复利用、无需付费，又能随时触达，沉淀在个人微信号、公众号、微信群等自媒体渠道的用户。这其中又以个人微信号的私域流量价值最高、变现能力最强。相对于淘宝、京东、百度这些公域流量平台，它属于商家的私有财产。而目前通过垂直类短视频内容可以获取到性价比最高、变现难度最低的私域流量，就是当下短视频红利的风口所在。

短视频有效诱导引流和转化变现的方法：

1.短视频签名区引流设置：讲个人历史＋签名区微信号放置方式（比如：领瘦脸美容仪＋微信号/视频同款＋微信号等）。

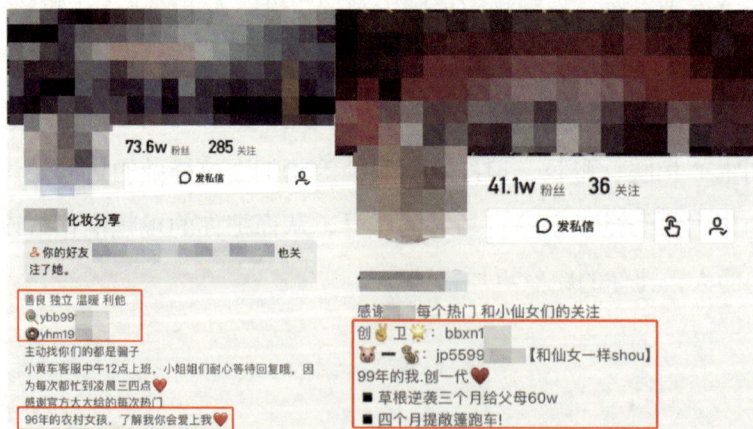

短视频签名区示例图

2.短视频评论区引导设计：评论区带节奏回复（用几个小号或者让代理去带节奏）。

评论区带节奏回复案例图

3.导入微信，"发圈"送福利。

微信"发圈"示例图

4.朋友圈势能持续输出＋生活日常。

通过朋友圈持续的势能输出，给粉丝塑造出一个正能量的形象，另外尽可能多分享一些生活日常，避免全是广告使得粉丝屏蔽你。

4.7　不同模式如何嫁接短视频风口收割红利

如果大家想嫁接短视频引流，无论什么模式，最佳的选择一定不是把自己打造成一个几百万几千万粉丝的网红。因为你的角色，是一个品牌方、一个平台方，而不是一个网红。大家做短视频的最终目的，应该是教会我们的代理和员工去用短视频引流带货。

代理商短视频操作	
颜值代理	能自己做IP录播的，教代理打造自己的真人帐号。
实力代理	不能自己录播的，教代理做内容号，例如母婴产品做儿童教育字幕号，萌娃号。化妆品做情侣号，穿搭号，情感号等。
普通代理	以上两种都不能做的代理教代理跟不同网红如何谈合作引流。

代理商短视频操作表

关于如何教代理商操作短视频，大家可以把代理分为3种类型：

第一种，有颜值的代理。能自己上镜做IP录播，我们就可以教他们打造自己的真人账号，比如像95后的化妆品代理，他们自己本身就玩得非常好，根本不需要你教他们，他们自己就可以模仿网上的一些美妆博主，把自己的账号做好。

第二种，有实力的代理。有的人颜值不是很高或者不是很上镜，但是他有实力做短视频，这时候我们可以教他做内容号，比如做一些母婴产品号、亲子萌娃号等。另外像95后、00后这些年轻人，他们也非常适合拍一些穿搭号、情侣号，或者是一些情感类的内容号，等等。

第三种，如果因为年龄或者性格问题，不能自己出镜拍短视频，或者没有那么多时间和精力可以投入短视频中，前两种都做不了，那么可以选择付费合作网红引流。

做层级微商的品牌，因为产品客单价非常高，所以它不适合在直播上面直接带货销售，而且如果降价销售，又会涉及"乱价"，因此现在运用短视频的方式还是以引流功能为主，把公域的视频平台流量引到我们的微信上，然后配套后续的整个转化方案。

第 5 章　直播引流 / 卖货 / 招商模式

5.1　5G 时代各直播平台的趋势与玩法

2019年最大的网红，非李佳琦莫属。李佳琦的直播风潮，仿佛一夜之间，成为电商企业的标配和拉动销量增长的新引擎。尤其受到2020年疫情的影响，各大品牌无法开线下实体店，不得不转型线上，进行直播卖货。伴随着直播态势爆发式增长，各大直播平台也在不断发展，作为一个新手小白如何玩转各大直播平台？下面我从现在最热门的三大直播平台分别进行讲述。

5.1.1　腾讯直播

2019年底，内测数月的腾讯直播官宣上线，继抖音、快手、淘宝各主流社交平台纷纷涉足直播之后，腾讯也加入进场。

腾讯直播是一款以微信生态圈为入口的直播平台，由App"腾讯直播"和小程序"看点直播"两部分组成。用户可以不用下载App，就可以通过微信小程序一键进入直播间，实现一键下单，一键分享转发。

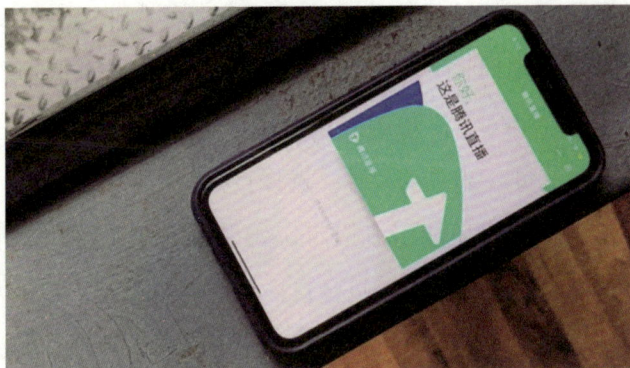

区别于淘宝、抖音和快手等公域流量的直播平台，腾讯直播是基于微信生态圈（熟人）的直播平台，属于私域流量直播。腾讯直播是私域流量运营的核心利器，是一个真正能满足多元化的微信用户汲取内容的服务平台。

5.1.2 抖音直播

抖音2020年的发展态势很像2019年"618"前后的快手。从"年货节"开始，抖音开始找到直播带货的感觉。在2020年，根据网红猫创始人张帅的预判，过往抖音和快手直播的占比是1：10，而今年有可能提升到60%~70%。

目前抖音开通直播功能的要求较低：①实名认证；②已满18岁；③绑定手机号；④注册时间>7天；⑤发布公开作品≥1个；⑥作品违规率未超标；⑦粉丝数＞6个；⑧连续观看视频7天，每天至少1分钟。达到以上条件，点击首页底部"＋"号，选择直播就可开播。

直播不仅能卖货，还能引流招商，如果大家想要通过直播引流，那么首先要了解直播的流量来源，抖音直播目前一共有三个流量入口：

1.附近的人。大家如果有开播，会在"附近的人"进行展示，让附近的人能刷到你的视频，从而进入你的直播间。

2.直播广场。直播广场是针对公会开放的一个特权，如果大家没加入公会，那么这个福利是无法享受到的。

3.短视频。当你的视频上了热门，别人能刷到你的视频，如果你正好在直播，他们就可以直接进入你的直播间观看。

除了引流招商，还有部分人做直播是为了变现，目前抖音直播平台变现的方式有以下这些：

1.刷礼物。首先进入抖音直播广场，点击一个直播间进入。进入后可以看到右下角的"礼物"选项，赠送主播礼物，主播就可以把礼物变现，获取收益。

2.流量变现。流量变现的方式也分为两种，一种是广告变现，一种是电商变现。

（1）广告变现

广告变现主要是将抖音号的粉丝量扩大，在粉丝量达到一定数量时，接收商家广告，收取商家的广告费用。

（2）电商变现

电商变现指的是针对用户销售产品，产品可以是自主产品，也可以引流到其他商家，收取佣金，这需要提前布局和储备跟抖音号关联度强的产品和店铺，不过抖音直播对于商品分享功能还有一个小要求，即要发布十个作品，粉丝量达到一千。

5.1.3 快手直播

快手大数据研究院发布《2019快手直播生态报告》显示，平台直播日活用户已突破一亿，快手直播的触手几乎已经遍布直播界的所有角落。为了丰富自己的内容生态，快手先后建立了游戏、体育、教育、媒体、政务、音乐、汽车等垂直领域的内容账号，扶持各领域的账号内容创作。

与其他直播平台不同，快手直播更像是直通无数普通人的电视台，手机里放映的正是大家自己的生活。相比于大家熟知的游戏或秀场直播，"普通人的直播"有更强的生活性和日常性，少了一分"精致"，多了一分"鲜活"。

对快手来说，无论是短视频还是直播，娱乐还是教育内容，"普惠"一直以来是被强调的重点。所谓普惠，就是尊重，并将选择权与注意力交还给每一位普通用户。

目前快手直播的门槛不高，申请条件跟抖音直播几乎一样，只要满足即可开通直播。

从快手带货商品品类看，以食品饮料为主，此外还包括美妆个护、生活日用、纸品清洁等品类，对于快手的带货强V而言，万物皆可带。

值得一提的是，头部美食大V，比如爱美食的猫妹妹10点、大胃王红姐（红家人）等，除了通过直播卖货赚取收益，还能通过直播间的以电商为主的秒榜、打赏挣得额外收益。美食类带货主播的粉丝男女比例相对均衡，女性比男性更多。但比较而言，美食丨厨艺类KOL的女性粉丝更多，通过看直播可收获更多的美食厨艺技能；而美食丨吃秀类KOL的男性粉丝占比更高，主要目的是消遣娱乐。

5.2 直播 IP 定位打造及必上热门的技巧

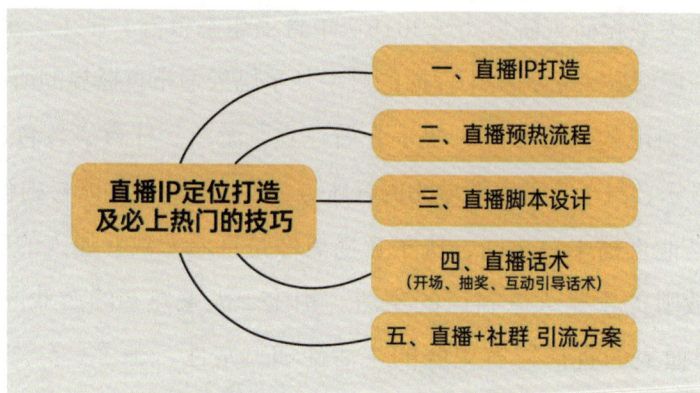

直播 IP 定位打造及必上热门的技巧图

5.2.1 直播 IP 打造

如今IP是一个常规化经常出现的"名词"，开店铺要有店铺的IP，做品牌要有品牌的IP，做企业还要有创始人的IP，不例外，大家做直播，也要有自己的IP。

"个人IP"就是一个人的价值被内容化、标签化,进行宣传展现后所形成能够被特定用户所认可的、特有的,能够影响这类人群的印象,并在他们意识当中占据一定位置的综合反映。通常指某个人在他所属的专业领域具有强大的影响力和流量属性。

个人IP经过一段时间的社会洗礼之后,逐步化成一种符号,比如提到电商行业,大家最先想到的是马云;提到空调,大家先想到的是董明珠;提到口红,大家想到的是李佳琦。如果能把个人IP塑造得很成功,这不仅营销了自己,还可以大大提升企业的知名度。

同理,直播的个人IP打造得好,可以增强主播的辨识度,加深用户对主播的认知以及信任。例如"丽江石榴哥",他是一个在丽江卖石榴的小哥,他通过淳朴的形象吸引了众多用户。还有"老爸测评",作为一个父亲,站在关爱、关怀子女的角度,去检测各种宝宝用品、护肤品及其他产品,通过提供给大众客观、严谨的检测结果,去解读各种产品,他的专业性以及父亲的角色使得大众对他更加信赖,从而获得了用户的认可。

当主播被贴上标签,与标签融为一体时,主播便拥有了属于自己的优秀IP。

关于IP的具体定位,大家可以从以下两个方面入手:

第一,直播风格的定位。

直播的风格与主播的形象、性格其实是相关的,不管是形象上有优势还是性格上有优势,新主播们都需要尽可能地展示自己的优势,如果你长得漂亮、长得帅气,走女神、男神风格,就是一个很大的优势。如果你长相普通,但是语言诙谐,那可以走幽默路线。

第二,直播内容的定位。

直播内容的定位,涉及卖产品、输出经验、输出知识、引流、娱乐、聊天等方面。不管做哪个方面,大家都要注意以下四点:

1.做自己真正喜欢并擅长的内容，不要搬运。

因为是自己擅长的，所以自己有充分的知识储备，容易形成自己独特的视角，能够长期稳定地产出优质原创内容。其次还可以选择拥有独特资源的领域。

2.深挖领域，更垂直，更差异。

尝试不断深挖自己选择的领域的内容，往往大内容家做得足够垂直化，也就与同类主播产生了差异。

3.多去不同的直播间观看别人的直播。

学习是最快、最有效的方式，选直播间要以内容为出发点，听取适合自己的即可，切忌盲目跟风，为了增加粉丝量，增加权重做一些无谓的投资。

4.做自己最好的方面。

要么讲得比别人更优秀；要么做得比别人更新奇；要么表现得比别人更真实；要么直播得比别人更勤奋。

基于以上几点，我给大家分析一下实体店和非实体店行业做直播内容的定位参考。

有线下实体店的定位：

产品零售：直播发布产品知识、店内场景、地域特色分享等，通过售卖产品变现。

物流货运：直播发布物流货运知识、见闻，取得用户认可，引流变现。

搬家服务：直播搬家知识、注意事项等干货，取得客户认可，引流变现。

家具领域：直播家具保养、使用摆放方面的干货知识，以及家具安装过程和经验、工具使用经验，可以通过卖家具卖工具实现变现。

宠物领域：直播发布宠物方面的干货知识，通过宠物用品变现。

育儿领域：直播发布育儿方面的干货知识，通过母婴用品或者亲子课程变现。

家政服务：直播家政服务过程、擦拭抽油烟机玻璃等技巧，通过卖清洁工具变现。

生产工厂：直播工厂生产日常，通过生产的产品变现。

无线下实体店的定位：

近几年大火的微商，现在都在通过直播进行引流和售卖产品变现。主要形式有推荐产品、微商知识分享、日常发货等。

直播IP定位完成，接下来怎么打造个人的IP？

第一，个人形象。此处的个人形象不是指外貌、穿着，而是形成自己独特的标识的一句话或者一个动作。比如说到陈欧，大家第一印象就是"我是陈欧，我为自己代言"，这句话让大家记住了他。或者提到"彪悍的人生不需要解释"大家就能想到罗永浩。因此大家在决定打造IP之前一定要想好一个顺口的话语。

第二，选择自己擅长的领域不断深挖。有自己的特色或创新，区别于同行，与美貌和卖萌不同，内容带来的粉丝质量和黏性要牢靠得多。

总结打造个人IP的要点就是：原创性、真实性、针对性、价值性、积极性、合法性。

第三，多个平台账号同时铺垫。慢慢地，各平台的粉丝与内容交叠，形成个人IP。

第四，粉丝的维护。大家需要对粉丝进行维护，增加和粉丝之间的黏度。具体如何做？首先，主播第一时间和粉丝进行互动，对于粉丝分享的比较好的内容，进行表扬和鼓励。其次，为你的粉丝团设计一个昵称，比如李佳琦在直播的时候会说"妹妹们来咯！"大家要结合目标人群，采用套近乎的方式称呼用户。最后，大家要经常分析粉丝的需求，根据粉丝的需求进行内容创作，这样粉丝会更愿意进场观看。经营好粉丝群，培养自己的死忠粉，才是可持续发展之路。

个人IP时代，让人关注的关键在于分享和传播。吸粉的方法是不断分享，在分享的过程中，你的价值开始被关注，就会有人不断地加你为好友并且能跟着你一起学习，通过你不断地分享，会有越来越多的人关注你，你的传播范围也就越来越广。

很多人都会问，什么时间段直播容易火，其实不同时间段的人群分布是不一样的，这要根据你的消费人群来确定直播时间。比如：

6:00~10:00白领、学生居多，而且这段时间平台上开播的主播人数少，竞争小，新人主播们如果能把这个时间段的用户牢牢掌握住，也是很不错的。

12:00~14:00午休时刻是一般用户活跃时段，这个时段的粉丝是午休的上班族，收入也都是很稳定的，这时段更利于维护粉丝。

14:00~18:00这个时间段看直播的人数会比早上多，其中在14:00~16:00点这个时间段的人们都比较好说话，提出的要求也许会更容易得到满足，所以这个时候，只要你会说话，很容易就能收获不少的礼物。

接近17:00时，许多人都处于等待下班的状态，大家普遍都会变得比较懒散。重点是，这个时候大主播依旧还没上线。

19:00~24:00黄金时间段，粉丝活跃度高，这是直播的高峰期，不仅开播的主播十分多，土豪粉丝也十分多，是主播疯狂"抢人"的时期，也是影响消费的时刻。

00:00~03:00游戏用户、白领偏多，有消费才能，用户数量质量较高。性感美丽或者帅气的主播比较容易起来。凌晨看直播的，一般都是比较孤寂、失眠的人，这些人尽管少，但不缺消费。

03:00~06:00加班族和代驾等服务业居多，再就是国外消费群体，有消费才能！

一般建议白天13:00~15:00午饭后闲暇时间、晚上20:00~22:00晚饭后这两个黄金时段直播，因为休息时间大家都在看朋友圈、刷抖音、刷微博等。

以上这些仅供参考，大家具体选择时间还是要看自身时间的安排，当有粉丝体量之后，大家就固定一个时间段做直播，让粉丝形成一个固定时间看你直播的习惯。粉丝的习惯一旦养成，便很难戒掉，这时候他们不来都不行。比如，薇娅的直播开播时间是每晚的20:00，李佳琦的直播开播时间是每晚的20:15。

5.2.2 开播前的预热方案

大家都知道开播前进行直播预热是非常关键的一步，可以最大化地提升直播间的人气。以下我把预热的全套流程及步骤拆解出来，给大家进行讲解。

微信朋友圈预热步骤：

当下实时热点、趋势痛点—引出直播预告—宣传奖品—群发通知—直播的时候引流到社群。

朋友圈宣传节奏：直播前3~5天进行预热＋倒计时半小时/5分钟，建议连发3条。

文案框架参考：直播时间＋平台＋福利。

海报内容参考：时间＋福利产品＋主播，主播要帅或者漂亮有吸引力。

朋友圈预热流程：

这里给大家剖析一个我们内衣实体店的客户——内裤家品牌，通过我们策划的整套直播方案，第一次直播在线观看人数3500余人，成交500多单，客单价598元，两小时回款30万元。

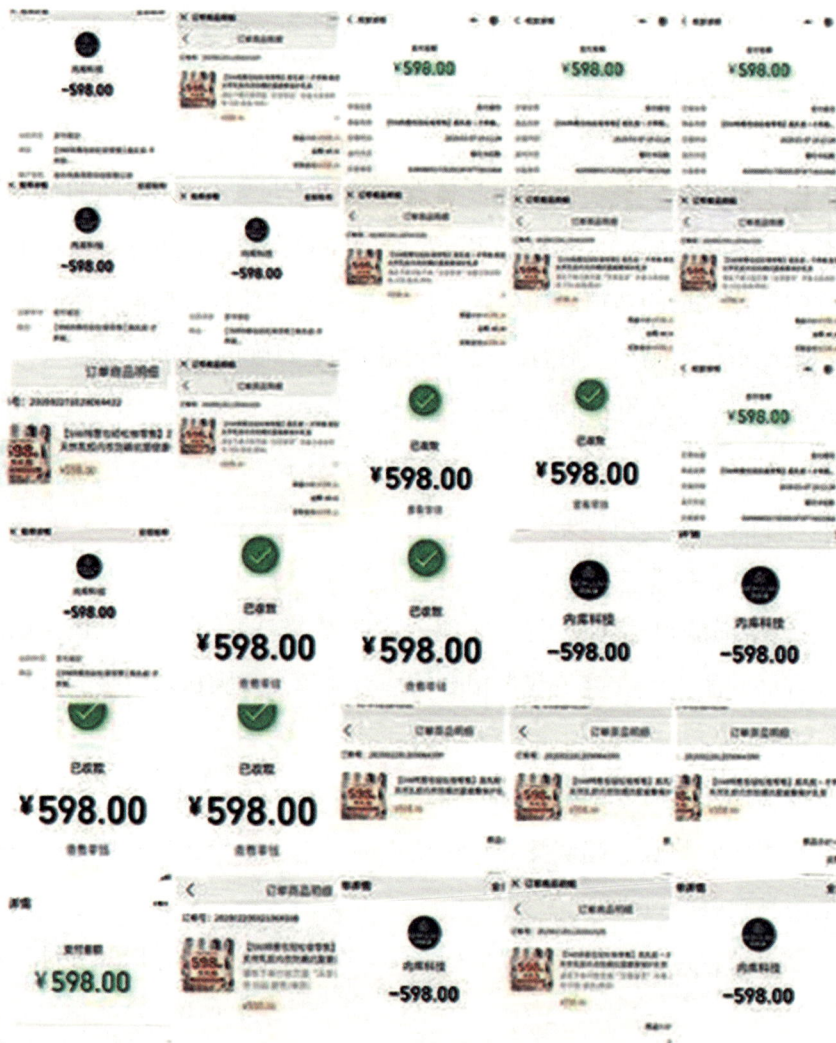

收入示例图

流程如下：

素材圈参考1：当下实时热点及痛点。

2020年2月份失业率激增至6.2%，全国约4500万人失业。2020年，副业、兼职和轻创成为主流，"更加努力挣钱"成为2020的主要目标。

素材圈参考2：隔离经济下的"副业刚需"，没有副业真是没有安全感。

素材圈参考3：引导大家订阅直播。

什么项目适合你？我来帮你做分析！私信我，拉你进群看直播，一边免费抽奖，一边学赚钱！

引导大家订阅直播示例图

素材圈参考4：强调课程主题。

5G播商来了，我们一起创业吧！直播间不仅有干货，还有红包和福利，私信我，拉你进群免费抽奖！

素材圈参考5：直播抽奖活动预告。

进群参与抽奖领礼物，有红包、传奇今生唇膏、三只松鼠零食大礼包、价值1699喜钻项链，全部免费送！要领奖请戳海报！

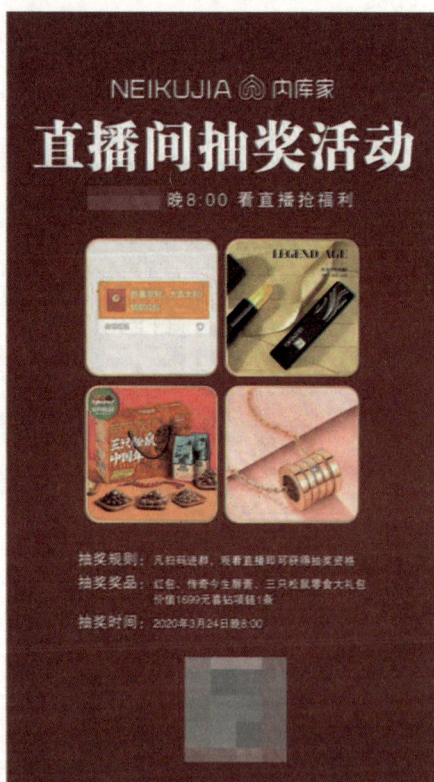

直播抽奖活动示例图

为了让更多人看见，大家也可以选择群发。

参考群发话术：×月×日晚8:00×××品牌微信首秀直播。带你解析《主题》，直播间现金红包及产品免费送，想参加抽奖的回复"1"。

接下来继续在朋友圈里宣传：礼品已备好，今晚直播间见。

实体店还可以在门店内外放直播宣传物料，比如，店外放海报易拉宝，店内放展架、桌牌，通过门店物料进行直播预告预热，通过扫一扫门店物料的二维码直接进入直播间订阅。

5.2.3 直播脚本设计

在直播中，"脚本"也是大家比较关心的。直播脚本怎么写？大家可以从以下三个方面入手：

1.脚本设计。直播前准备好脚本，系统明晰地讲解内容、重点，明确个人主动讲解时段、回答问题时段、互动时段，不要因网友的不间断提问打断自己节奏，尤其讲解项目时要设计好讲解逻辑及带动性，让客户跟随主播的讲解进入项目，避免在直播中出现慌乱，打乱节奏。

2.主题设计。主题设计明确，要利于前期宣传造势及直播过程讨论互动，如：主播今天要带大家探秘有钱人最关注啥；今天请跟主播一起看看资深保险人士为你解答保险怎么买最划算；××老师已经帮助××家庭节省了××保费；邀请专业主持人＋资深保险人士，一起聊聊保险那些事。

3.话题设计，既要同于主题，又要多元。打趣同事，调侃领导，制造金句，制造表情包，利于后期多频次短视频传播，延续人气，制造话题现象。

时间点	直播模块	模块说明	福利发放	互动说明
8:00-8:10	小助理上线欢迎打招呼	欢迎入场宝宝，介绍告知8:10分正式开始	截屏抽一轮小红包，发送8.88元	欢迎+点击订阅+分享转发
8:10主播上场	开始打招呼进行第一轮抽奖抽奖	先公告今天的主要讲的内容，和抽奖时间及礼品	截屏抽取，发送66.66元红包。	鼓励粉丝转发直播
8:15-8:40	主题干货分享	抽奖后简单的聊天热场，开始讲主题。		提到入群学习的课程下单引导
8:40-8:45	第二轮抽奖		品牌的某件产品	鼓励粉丝转发直播
8:45-9:00	主题干货继续分享			进群学习下单方式指导
9:00-9:05	第三轮抽奖		品牌的某件产品	鼓励粉丝转发直播
9:05-9:20	主题干货继续分享			进群学习下单方式指导
9:20-9:25	第四轮抽奖		品牌的某件产品	鼓励粉丝转发直播
9:25-9:35	重点引导大家下单入群	说明入群课程的好处		进群学习下单方式指导
9:35-9:45	结束前告知及第五轮抽奖	提醒大家还有15分钟左右结束	抽奖礼品可以选择一等奖	进群学习下单方式指导
9:45-10:00	闲聊互动	闲聊并告知最后一个在群内抽奖		结束感谢增进感情

直播脚本示例图

5.2.4　直播中：开场话术、抽奖话术、互动话术参考

1.开场欢迎话术参考

（1）欢迎话术：传达直播内容。

欢迎×××来到我的直播间，然后介绍自己的直播带货商品的内容，尽可能简单明了。

（2）欢迎话术：解读观众名字。

欢迎×××进入直播间，有些观众的名字比较幽默、有深刻意义，可以适当开玩笑。

（3）欢迎大家来到×××直播间，大家可以点一下头像旁边的"订阅"，右下角有"分享转发"，大家可以分享给好友或转发到朋友圈，我们一会儿会进行抽奖。

（4）哈喽，各位宝宝，我是×××，欢迎大家来到×××品牌的直播间，很感谢大家的支持，大家可以点击一下右下角的"分享转发"，我们马上抽奖哦。

（5）感谢大家来到我的直播间，我给大家准备了抽奖活动，大家可以点击我的头像旁边的"订阅"关注我，我们一会儿就开始抽奖了哦。

2.抽奖环节及话术参考

在设计抽奖环节的时候，要讲究方式和方法，要把抽奖活动打散在直播的各个环节中，分多次抽奖来吸引用户关注，切勿一次性将奖品抽完。当主播觉得场面有点空的时候，也可以利用点赞抽奖来提升直播间气氛。

抽奖话术参考

（1）哇，人气破6万了，我必须给大家抽个奖，我们破10万就再加一

轮抽奖。大家点击右下角，积极分享转发起来哈，你看前两轮已经有宝宝抽到啦，可以分享给你们的家人朋友，接下来一起抽奖哈。

（2）好，那我们先抽个奖再继续讲，我们3分钟后开始抽奖，大家可以转发右下角的"分享"，人气越高，咱们今天就多加几轮抽奖。

（3）我觉得祝大家万事如意，还不如祝大家2020年发大财，所以我们马上截屏抽奖，大家打"2020一起发发发"，我数10个数，然后截屏，被截到的宝宝，每人获得88.88元红包，10、9、8、7、6、5、4、3、2、1，小助理截屏。

（4）已经截完屏了，我看下是哪些幸运的宝宝被抽到，第一个是×××，第二个是×××，第三个是×××，第四个是×××，中奖的宝宝们加我们客服微信领奖哈，领奖的时候记得备注"中奖人和中奖奖品"，因为接下来还要抽几次，礼品也不一样，大家一定要备注好。

（5）没抽到奖的宝宝也不要觉得不开心，接下来还会有，还有就是我觉得今天我们大家聚在这里，讨论当下的问题和方向，这才是本次直播的意义，当然抽到奖的宝宝也很幸运。在下轮抽奖开始前，我先继续给大家讲讲干货。

3.互动引导话术参考

（1）我们这次直播后，会继续建个群给大家讲短视频和直播当下怎么赚钱，讲一些操作性的干货细节，因为大家都知道2020年的流量和大趋势在哪里，不管大家是做什么的，实体店、服装店、旅游、餐饮、工厂或者电商微商，我觉得大家都需要去了解和学习。

（2）大家也不要觉得一提到短视频和直播，就是让你去当网红，不是这样的，我们不需要去当网红，首先，能不能当上是一个问题，其次，很多老板自己也接受不了去当网红，我也不是网红，我们要抓住的是网红经济，我们要的是流量，流量都跑线上去了，你还去做线下，那会好做吗？所以大家不管做什么，我觉得都有必要了解一下这块的商业变现模式。

（3）我们也不会给大家直接去推什么产品，只是当下的知识付费，大家进群除了可以交流学习，还可以抽奖赢福利，大家可以去外边看看，别人的短视频课程都是怎么收费的，几百到几万不等，而我们纯属福利群。

5.2.5　直播引流到社群后的群流程

关于"直播引来的粉丝怎样通过社群转化变现"这个问题，这里我建议大家可以在群里做一次性招商活动。大家可以先在群里开课，比如短视频课程，输出价值，然后同步做品牌招商或零售活动，转化代理或客户。以下给大家提供一个简化流程模板作为参考。

直播引流社群 —— 操作运营流程				
群搭建人数即本次直播引流过来的流量，及管理/讲师人员，（也可放几个托）	**群管理（助手）：** 1. 准备好培训素材发相关的海报公告，时刻在线处理突发情况，回应各种问题。 2.对于打广告的好友和负能量的及时警告，扰乱秩序的踢出群聊。	**主持人：** 介绍讲师出场 课程内容提前宣告 课程中带节奏活动 课程结束后带头感谢讲师	**讲师：** 课程主要以图片+语音形式； 一定要有激情，积极结合品牌案例。	**托：** 讲话不要夸张； 朋友圈要对陌生人不可见； 讲师主持人的互动环节及时参与； 不要一个号每次都是第一发言；
群运营基本流程				

流程	项目	具体内容	参考	备注
第一步	设置群昵称	开课前2小时左右建群，昵称中可以加适当的符号，xx品牌短视频直播红利群；抗"疫"新商机等等。群名称可以适当的加表情，比较突出，比如加奖杯的表情。	XXX品牌——短视频直播招商财富班 XXX品牌——5G亿级流量变现群	
第二步	设置群规（群公告）	1.在建群最开始就明确群内的基本规范是良性打造的基础。2.没有规矩不成方圆，方便后期有序转化。	群规：禁止互加，否则踢群。1.本群为XXX品牌直播流量变现交流群，群内主要以学习+干货经验交流为主2.课程在8:00正式开始3.为了维护一个良好的气氛，请勿发送任何商业广告，再次去强调禁止互加。	建完群开始发，同时写在公告栏，由助手转发；群内新人进来多的时候，及时复制发送。
第三步	群活跃	建完群开始发红包，金额不需要大，但是频次一定要多，同时也可以和大家聊聊热点话题互动，比如疫情大家的收入来源都在哪里呀？	建完群就开始发红包，同时也可以设置一个固定的时间节点发红包，比如：上午9点，下午3点，晚上8点等。	除培训，发红包，尤其是发红包之后引导大家感谢，然后趁机聊热点话题，或者适当的教育大家，比如疫情很多人转型案例和积极的正能量，教育大家不要观望错过风口。
第四步	课程开始前	由助手公布课程信息；提前三小时，每个小时公布一次，倒计时1小时，30分钟，至少公布5次课程信息 助手发送。	课程前十分钟由主持开人开始发红包，统计在线人数，在线的扣1，主持人开始宣讲，到讲师出场一定要烘托好气氛，把讲师烘托的高大尚。	所有托都要配合主持人，并配合讲师带节奏。
第五步	课程开始	主持人宣布开始，欢迎仪式（后面课程直接讲课程主题，）介绍烘托讲师出场。	讲师出场先发一个红包（一定更要把牛逼之处一定讲出来，比如一个月创造百万业绩/逆袭宝妈等头衔）。	
第六步	课程中	课程主要以图片+语音形式，课程内容一定要有互动，融入感、代入感、参与感。	中间课程互动提问环节可以设置奖品，或指定红包。	如果讲师有需要群助手可以配合老师发相关的资料图片。
第七步	课程结束	结束引导感谢和收获，可以适当的晒一晒大家咨询和加入品牌代理，转账的截图。	群助手发一个感谢参与红包，红包名称：抗"疫"新商机，不要再错过（观察在线回复人数）。	托：感谢老师，说一些收获和想加入的话语，不要太夸张。

直播引流社群、群运营基本流程表

5.3 直播流量如何通过社群承接变现

对于普通创业者来说，一场直播从0获取100粉丝很容易，但是从100到10000是很难做到的，这个时候把流量导入社群，问题就解决了。如果说直播是出海捕鱼的网，社群就是建塘养鱼。因为社群可以提高粉丝黏性，也可以提升直播中粉丝的在线人数，而直播可以把路人沉淀到社群中再进行营销和裂变，直播和社群就是双向导流的模式，简直是天作之合。

直播从0-100粉丝很容易
但是从100-100000……
那就一定要做社群

目前大部分商家都着手做"直播＋社群"，直播是信任通路，社群就是驱动用户裂变的马达，也是沉淀粉丝、分类粉丝、经营粉丝的重要工具。一场火爆的直播虽然能一下子给你带来大批量粉丝，但是这些粉丝哪些是对你感兴趣，哪些是忠实粉丝，哪些是宝藏级粉丝，还需要用社群去分类化经营。

直播和社群具体是如何搭配的呢？

一、直播前

直播前用社群预热。大家可以先设置一个"拉新"活动，比如拉3个好友进群免费送什么。当这些客户完成后找客服领取产品时，你只需告诉他，恭喜你获得我们免费送某某产品的资格了，你只需要在几月几号几点进到直播间（直播时间跟活动开始时间尽量控制在3天内，太久了客户容易遗忘），填上你的收货地址就可以了，我们会直接寄送给你的。同时把直播的海报推送给这位好友，提醒他先扫码预约直播，避免错过。

这时可能有些客户会不理你，但只要有好处，总会有人"以身试法"，就跟春晚每年所谓发几亿红包的套路一样，明明知道抢不到，但每个人都会认为自己是最幸运的。

给大家分享一个化妆品预热案例：

预热第一天：直播长图文海报，朋友圈分享后截图可以19元换购一个特价产品。预热目标：拉人进直播社群。

预热第二天：发产品视频内容，突出直播产品的丰富性，同时详细介绍秒杀款。预热目标：用秒杀款钩住用户关注，进入直播间。

预热第三天：发商品图文链接，进一步放大商品的详细信息，同时搜集用户看过产品后的问题。预热目标：让用户产生潜在的消费冲动，并且搜集直播产品的互动问题点。

二、直播中

直播过程中就是直播内容的具体展现。在这个"内容为王"的时代，看到好的内容，粉丝自然就会留下来。其次做好直播间的互动，促成在线成交，同时这也是二次引流的关键。

1.刚开始直播的半个小时，大家可以做一些预热活动，通过一些优惠活动来吸引粉丝，让粉丝把直播活动信息分享出去，这样可以带来更多的粉丝观看直播。拼多多之所以成功就是利用了微信10亿用户裂变的原理。

比如我们进行一个免费送产品的活动，直播时告诉大家赠送60个名额，直播人数达到500名赠送30个，直播人数达到1000人再赠送30个。

没有领取到的朋友，前10名1元购买，10名到20名9.9元购买（规则先在后台设置好），以此方式去刺激你的客户，同时在直播间发动大家分享直播链接到好友、微信群或朋友圈。

前面半个小时作为热身，让大家能够先认识你，建立第一道信任感。人数达到赠送标准时，再一次强调活动的力度及马上要赠送的紧迫感，让大家准备好，同时告诉客户为了能快速抢成功，可以让用户先填好自己的收货地址。哪怕是1块钱，都一定要让客户支付，养成客户在你的直播间下单消费的习惯。客户为了占便宜，不会在乎多看你几眼。

2.直播活动时要做好引导，直播最大的优点就是互动性强，大家可以提醒粉丝时刻关注直播间。利用前面讲的免费送福利还有发红包、送优惠券、抽奖、秒杀等一系列活动环节增加他们的停留时长，增强他们的黏性，这样既可以提高在线流量的变现，又可以为二次引流作铺垫。

三、直播后

直播后导入到微信的流量该怎么去经营？怎么进行社群管理维护和转化变现？

1.当粉丝进入社群后要进行运营与维护

（1）开始邀请进群，进群要有仪式感，发布欢迎词、规则、群公告等；

（2）发小红包，让老粉欢迎新粉，制造归属感；

（3）定期做活动，做引流活动让粉丝转发，然后送福利；

（4）成交型活动，要制造限时限量抢购的紧张感，也可以在直播间做。

2.通过社群裂变活动增加粉丝

（1）定制每次直播的主题要有噱头，可从粉丝的心理需求去设计；

（2）引导粉丝邀请身边的好友进入直播间抢福利；

（3）定制文案和海报让粉丝转发分享到朋友圈；

（4）给完成分享的粉丝送福利。

3.日常运营时间安排参考

10:30 推送直播链接，没有链接的则推直播剪出来的短视频。

11:30 每日新品推荐、热卖好货（小程序链接）。

15:30 经营方案视频形式推送。

16:30 作品分享，根据作品推出几款产品。

18:30 公众号内容推送。

20:30 微商城营销活动推送。

5.4　不同行业如何嫁接直播疯狂掘金

随着流量的场地变换，"直播＋"成了社交新零售经济发展的必然趋势，社交电商、社群、电商、教育、实体……越来越多的行业加入直播业务，那么不同行业如何嫁接直播？

5.4.1　直播＋电商

早在2016年，淘宝就推出了淘宝直播。在淘宝Top100销量的店铺，直播早已成为主要流量入口，甚至能做到拉动店铺销量的50%甚至更多。要不要入局直播早就不是选择，是必须。2019年12月，腾讯看点直播在大会上宣布推出"引力波"计划，希望在2020年内助力微信平台上10万商家更好地获取用户、完成商业变现，并计划扶持超过1000家商家通过直播电商模式突破1000万的年成交额。从目前直播热趋势看，直播已经发展成为电商在新时代的新产业，"电商＋直播"呈现出极强的爆发性，2020年，整个市场仍会翻倍。

5.4.2 直播＋社群

有专业数据表明，通过优质视频来推广商品的转化率，会比传统图文展示的方式高5.15倍。直播将消费者临时聚集在一起，并且构建了一个商家与买家高频及强交互的场景，群体效应让直播比图文更能刺激消费者购买。在直播过程中，主播与大多数粉丝的关系是弱关系，直播可以为社群导流，但还需要通过社群精耕细作持续运营才可以把弱关系转化为强关系，从而提高转化率和客户转介绍，可以说"直播＋社群"是双轮驱动。

2020年的新冠病毒疫情逼迫着很多商家不得不进行转型，而转型最成功的方式就是"直播＋社群"。有一些商家就凭借着这种方式，不仅稳定了业绩，甚至超越了原来的收入。举个例子，苏宁易购中山公园店的店长在公司"学习并争当直播网红"的号召下，率先垂范，在店内开出第一场直播。虽无直播经验，但通过他与大家的积极互动，一个半小时的直播里，有3.8万人观看，在没有推广微信的情况下还有很多人主动求加微信。而线下实体店，一名店员辛苦工作10小时，能加到的顾客微信也不过个位数。

另外，服饰行业翘楚太平鸟在春节期间通过微信社群、小程序分销、直播带货成功实现了销售逆袭，日均零售额超过800万。

5.4.3　直播＋教育

"直播＋K12教育"的盈利模式较为突出，其中大班直播课不限定人数的模式存在规模化效益，容易产生口碑效益，让用户成本随之边际递减。而一对一直播是针对个性化需求，注重师生互动，往往客单价更高，提高了毛利水平。

5.4.4　直播＋游戏

游戏直播承载着游戏内容分发和宣传的有效渠道，成为一种直男经济商业模式。游戏直播迎来两强格局，短视频典型玩家"快手"也借自身流量基础，推出独立直播App，探索游戏直播。斗鱼虎牙拥有包括英雄联盟、刀塔2等热门电竞赛事入口，并签约大量具有职业电竞背景的头部主播，继而吸引到大量90后、00后用户，取得了不错的用户黏性，拉高了用户的付费欲望。

5.4.5　直播＋娱乐真人秀

"楚门"背后的世界有过亿真实的观众，但与游戏直播不同，娱乐秀场直播吸引的多数是女性观众，高达4200余万人。除了主播才艺吸引土豪打赏，平台还能够开发各类趣味回馈活动，培育中低收入群体的打赏习惯。

5.4.6　直播 + 社交

社交直播的内容创作输出门槛极低，多以唱歌、跳舞、聊天和生活场景为主，这对主播的个人特色要求大于直播内容本身。社交平台正处于向多场景化泛社交的聚合平台发展，立足自身流量优势，聚合泛社交玩法，进而覆盖更多的用户和场景，提升商业化效率和变现能力。

5.4.7　直播 + 典型内容平台

图文、音乐、视频等典型内容平台，纷纷增加直播模块，进而丰富自身业务，让碎片化与即时性共存，满足用户多种需求，获得拥趸，增强用户黏性。

5.4.8　直播 + 实体行业

实体与直播的结合，需要给粉丝建立一个能够媲美线下的、能够唤起线下记忆的消费场景。换句话说，就是还原线下场景。比如李佳琦是欧莱雅集团专柜BA出身，形成了自己的一套销售语言习惯，虽然大家在直播时觉得他的言语有点夸张，但是这种爆发式的表达方式是线下顾客非常习惯的方式。

给大家举个例子，"幸福西饼"首次在腾讯直播平台上开播，与粉丝们共度"910幸福狂欢节"，首次直播弹幕数高达20000多，直播期间销售额高达200000多。在5小时直播里，他们设置每个整点秒杀，每个半点弹幕抽奖，保证任何时间进入直播间的观众都能在30分钟内等到一波"免费蛋糕"福利，刺激用户留存观看直播，诱发用户消费。

随着5G、AR等技术进步，"直播＋"在未来仍是大有可为的快车通道，KOL的专业性、销量的真实性、供应链的流畅性都成为构建核心竞争力的基石。

第6章　平台会员制分销模式

6.1　平台会员制概述

会员制社交电商是指在社交的基础上，以S2B2C的模式连接供应商与消费者，实现商品流通的商业模式。平台方解决供应链物流售后以及培训等一系列服务。小B店主只需要负责拉新推广，把商品卖出去，其他的都交给平台方来服务。一般主打"零成本创业""自用省钱、分享赚钱"的口号，吸引会员加入。

不同于个人社交电商，会员制社交电商平台通过提升供应链与中后端的服务能力，在商品上，品类丰富，构建多品牌战略，从成熟品牌、新兴品牌到发展自有品牌。通过打造爆品，实现品牌直销，工厂直采，

产地直供。在物流上，建立多地仓库，平台负责物流仓储配送，店主不需要囤货。在服务上，平台负责售后，还定期对店进行培训。从文案宣传到选品，从话术到售后服务。

不论是供应商多级代理制度，直销模式，还是社交电商的发展，都验证了分销机制的可行性。会员制社交电商通过把这一套分销机制搬到线上，并给予实时反馈，加入了更多包装和玩法。

6.2 平台会员制分销机制

类似直销，会员制社交电商设计了严格的等级体系。一次性购物满多少成为普通会员，一般通过购买大礼包或者其他的形式，如完成分享或者销售任务。成为会员才能享受推广奖励，自买返利和销售佣金。在会员制社交电商初期，销售佣金可以设为多级，现在已经逐步压缩为一级。

想竞聘到更高级别，主要靠发展新会员或者销售额。高级别不仅可以享受到普通会员的奖励，还有带团队的业绩提成。下属团队的业绩达到一定的程度，可以晋升为服务商，主要负责新晋主管的培训和晋升。

会员制社交电商将社交电商的一套成长体系成功地应用在产品的增长架构中。从普通电商平台一对多的用户营销，转化为多店主对多会员的自发式营销体系。

这种分销机制不仅带来了用户裂变，还降低了获得用户的成本。由于会员都有过付出，大家的忠诚度和对外营销意愿，也比一般用户要强很多。

6.3　平台会员制目标群体

对于会员制社交电商，成为会员的用户才算核心用户。会员代表用户有所付出，并且有很大可能成为用户平台的一个拉新推销节点。

会员制社交电商的目标用户有什么特征呢？主要以女性为主，有较多的闲暇时间，基于自己的熟人社交网络，并且可以帮忙分享商品信息，向熟人推销相应的商品。这类的用户群体包括宝妈、代购以及希望通过闲暇时间来赚钱的人。

6.4　平台会员制日常运营

会员制社交电商，前期以快速增长为目标，通过奖励机制推动会员持续拉新用户，进行爆发式增长，打造平台爆款，扩展平台流量。到中后期就要求平台精细化运营，提升供应链能力，留存转化对平台来说是最重要的。

不同于货架式电商的搜索式购物，社交电商转变成发现式购物。会员制社交电商的推荐位，变成了朋友圈、微信群，所有选品、文案配图以及店主的培训很考验平台方的能力。

6.5 平台会员制营销规划与实施

平台会员制营销是一种对顾客会员进行云端管理的模式，也是一种抓牢会员的心，提高会员忠诚度，维系与会员的长期交易的营销手段。平台会员制营销凭借体系下会员的种子效应、借力和造势等特异功能成为各品牌、各新业务拓展的一种好模式。

平台会员制营销规划与实施可从以下五方面着手：

第一，根据品牌定位和战略定位，制定科学的会员体系。

市场日趋成熟，竞争日益激烈，品牌的竞争策略应该由原来的价格战和广告战转换为服务战、增值战，通过会员平台，创造跟顾客联系、沟通、感动顾客、软性宣传等机会，让顾客养成品牌习惯和依赖，进而产生品牌归属感。

会员的加入仅仅是个开始，能否让会员投身进来，主动参与关心才是根本。这就要求无论在会员招募还是会员管理等方面，平台方都应做好充分的预算和规划，设计一套完整全面的会员体系和营销方案。

第二，做好会员增值服务。

我们之所以进行会员制，就是用这个平台提供跟顾客重复见面和沟通的机会，让我们的品牌不断在他脑中加深记忆，让他们对我们的活动和品牌产生习惯和依赖。大家可以将年度会员服务计划出来并告知给会员，让会员能感受到我们全年丰富的增值活动，提前感受收获感、增强期望值和忠诚度。

第三，让会员活动参与性更强。

很多会员更多的需求是交友平台和商务平台，而平台方的责任就是提供平台。比如留住客户，可以建立一个完善的企业客户网。这对于企业开发老客户的新需求是非常可行的，也是非常有必要的，更是通过会员卡系统进行客户关系治理的衍生物。

第四，让会员的增值更量化。

会员的增值活动不仅仅要做，更重要的是让它增值量化，从而产生消费攀登。比如很多人有会员积分，但是很少去关注和使用，因为在会员心中，这个积分太远，也太虚，不知道是什么，没有概念，就像现金100的5%和现金5元，一定是后者让顾客感觉更直接。所以平台方应该将增值服务定期量化给会员，如CRM系统统计顾客平均每星期消费500元，我们会系统提醒会员："尊敬的×××会员，您好，感谢您对我们一直以来的支持与厚爱。温馨提示：您目前每个星期平均消费500元，现积分×××，如继续常规消费，一年将获得积分×××，年底直接换取价值200元物品一个（产品任意选择），如果每个星期消费800元，一年获得积分×××，年底直接换取价值500元物品一个（产品任意选择），祝愿你购物愉快！"会员收到这样的消息之后是不是会更有动力去消费呢？

第五，建立完善的客户关系管理体系。

建立完善的客户关系管理系统是顾客管理、个性化服务、营销设计的关键。平台方需要建立详细的会员信息库，包括消费者性别、年龄、职业、月平均收入、性格偏好、受教育程度、居住范围等，还要包括消费记录信息，并且将会员每次消费商品的品牌、型号、价格、数量、消费时间等信息都记录下来，为以后的增值服务提供可靠的信息。

第 7 章　共享门店＋云店模式

7.1　共享实体店概述

共享，正在逐步改变我们的生活方式，共享单车、共享汽车改变了我们的出行方式，共享充电宝让我们的手机随处可充电，共享已经成为当下一种新趋势。继共享单车、共享汽车以及共享充电宝之后，出现了一个新的商业模式——共享门店＋云店。共享实体店的出现可以说帮助很多传统门店商家老板们解决了客源、资金、利润等问题。

7.2　共享实体店优势

为什么说传统门店，未来一定要做成共享。从门店的角度出发，现在生意很难做，同质化竞争非常激烈、利润空间越来越薄，与此同时床位和员工闲置，造成资源浪费，以致盈利越来越困难。

而共享店铺，就很好地解决了这个问题，因为共享店铺就是把闲置的床位、管理经验、员工技能等共享给有资源的人，撬动他们的资源一起做生意。而这些有资源的人，他们不用自己开门店，只要把他的资源引流到你的门店消费，就能赚取一部分利润，可以真正实现零风险、零成本、零管理，轻松创业赚钱。

7.3 共享店模式解析

7.3.1 前期引流（种子招募）

1. 19.9元种子招募方案

（1）铺垫预热

①提前5天完善门店运营，制作海报。

②提前3天朋友圈预热，一对一内招，收钱定位。

③确定时间统一提前1小时拉群，然后开始公开课。

（2）仅需19.9元，可以获得什么

①价值1999元的美容项目3次。

②众筹模式线上财富公里课名额。

③成为实体店老板股东机会。

听完不满意包退！

2. 39.9元种子招募方案

（1）铺垫预热

①提前5天完善门店运营，制作海报。

②提前3天朋友圈预热，一对一内招，收钱定位。

③确定时间统一提前1小时拉群，然后开始公开课。

（2）仅需39.9元，你可以获得什么

①价值198元产品＋项目福袋。

可放一些价值看起来成本偏高的小礼物＋店里的体验项目＋产品的体验装。

②众筹模式线上财富公里课名额。

线上意向公开课：讲解实体升级模式、众创联营共享门店解析，还有福利皮肤美甲美睫学校无限次进修机会。

③成为实体店老板股东机会。

成为股东合伙人可共享门店资源以及享有股东分红等。

听完不满意包退。

7.3.2　成为合伙人的权益（招商福利）

（1）私人订制护肤，科技抗衰，逆龄五年。

（2）投资赚钱一边变美，一边赚钱。

（3）保姆式教学，可成功复制N家盈利店。

（4）价值3万元密训课程，自我增值。

（5）门店共享。

（6）全力扶持轻美创业。

（7）异业联盟共享客源。

（8）强大背书社区微店。

7.3.3　门店沙龙（招募成交）

（1）招募的人群用户画像

爱美丽、爱生活、正能量。

认同科技抗衰、理性护肤理念、愿意尝试高效科技护理。

有需求社区门店空间共享使用。

对美业感兴趣，希望有专业教育培训以及有靠谱连锁加盟店机会。

有源头货源需要社区门店渠道分销、陈列、信任背书。

有社区服务希望嫁接社区门店。

有技术独立艺人需要实体店门店落地。

有计划微创业，寻找源头工厂源头品牌嫁接项目的创业者。

（2）沙龙频次及沙龙准备

沙龙频次：可每周六下午开展小型沙龙，人数招满即停。

沙龙预计招募人数：10人左右。

沙龙地点：实体共享社区。

沙龙前准备：

准备下午茶、水果茶点。

登记信息表格，以及签到伴手礼。

项目演讲PPT。

分配好现场工作、布场以及摄影等工作。

（3）合伙人招募要求

符合招募用户画像。

1000元定位费，预订席位，不满意全额退款还送福袋。

预备股东参观门店，实地考察现场答疑，同时门店原始股东筛选及履历复审，双方选择确定才可成为合伙人。

经考察放弃合作或未选定的预备股东退款事宜方案二选一：

第一种，全额退款并免费送福袋。

第二种，定位费1000元直接翻倍转入项目或产品，即任选已有品牌1000元产品＋1000元项目。

入围合伙人（股东）可参与门店构建投资。

7.3.4　怎样才能正式成为门店的合伙人

（1）门店原始股东筛选后双方满意后获得共享店合伙人资格。

（2）晋升方式：

第一种，一次性卡位门槛10000元即可成为合伙人。

第二种，累计招募10人交付1000元预备股东，直接晋升门店合伙人。

7.3.5　股东的收益以及投资回报

（1）分红：门店估值300万，会拨出20%的净收益及权益给合伙人。

（2）收益保障：每季度分红，如当季利润分红不足投资人资金年化6%收益，则大股东会出资补足收益。

（3）赠送价值2000元消费券。

（4）10000元投资金额可转入消费金，同时依旧享有股东分红。

（5）享受门店合伙人内部价格（产品＋项目股东级折扣）自用省钱。

（6）新品新项目优先试用。

（7）亲朋好友进店可享受亲情价，分享赚钱。

（8）可共享资源：

共享合伙人相应业务的提成。

共享门店共享空间。免费沙龙、免费参与各个股东举办的活动，协助或合作承办门店的股东活动。

共享实体店信任背书。

共享教育培训资源：皮肤管理教育培训、美甲美睫学习全年无限次进修名额、店内教育沙龙免费或内部价参与等。

7.3.6　合伙人退出机制

（1）门店合伙人投资期为1年，第2年招募时，原合伙人享有优先录取资格。

（2）如合伙人直接退出，则终身享有店内会员价格。

给大家看一下某美容院的一个共享模式：

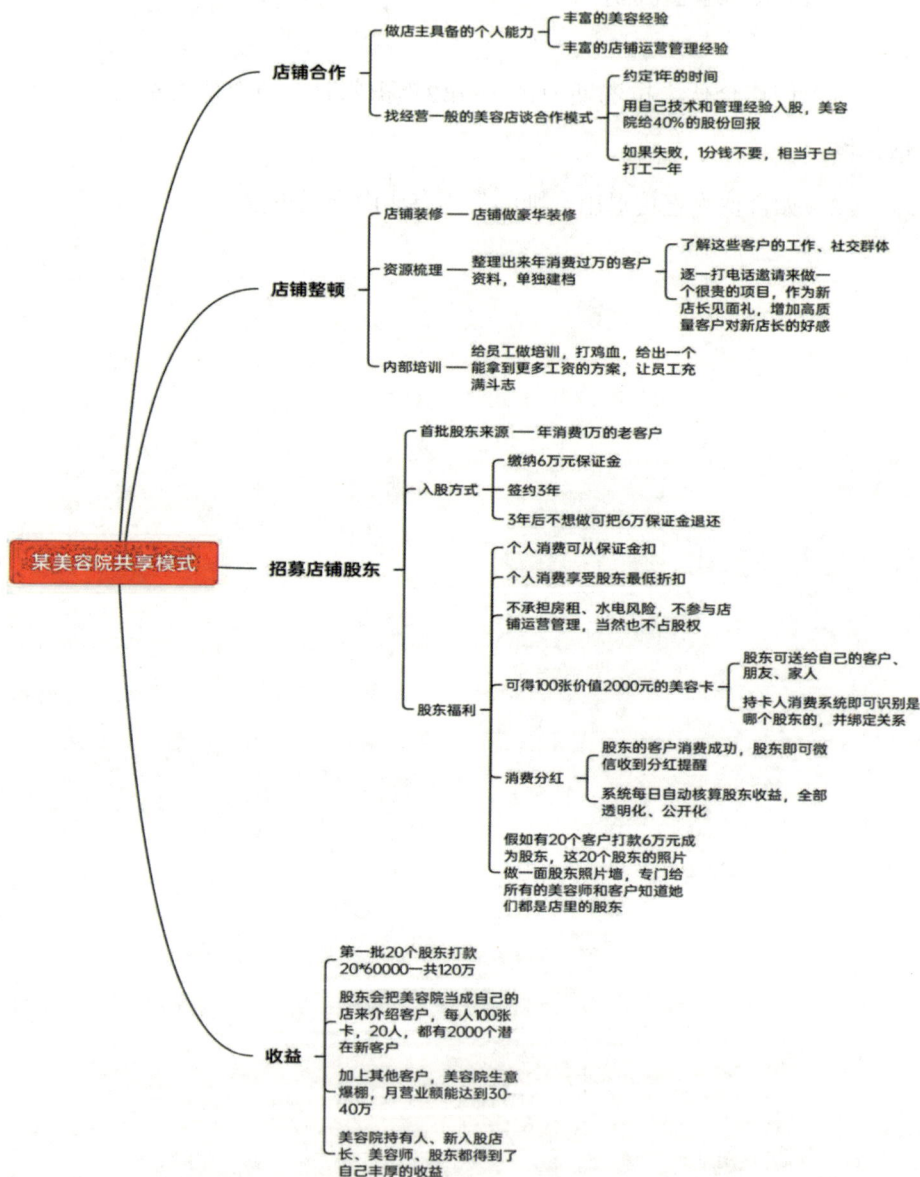

某美容院共享模式

- 店铺合作
  - 做店主具备的个人能力
    - 丰富的美容经验
    - 丰富的店铺运营管理经验
  - 找经营一般的美容店谈合作模式
    - 约定1年的时间
    - 用自己技术和管理经验入股，美容院给40%的股份回报
    - 如果失败，1分钱不要，相当于白打工一年

- 店铺整顿
  - 店铺装修 —— 店铺做豪华装修
  - 资源梳理 —— 整理出来年消费过万的客户资料，单独建档
    - 了解这些客户的工作、社交群体
    - 逐一打电话邀请来做一个很贵的项目，作为新店长见面礼，增加高质量客户对新店长的好感
  - 内部培训 —— 给员工做培训，打鸡血，给出一个能拿到更多工资的方案，让员工充满斗志

- 招募店铺股东
  - 首批股东来源 —— 一年消费1万的老客户
  - 入股方式
    - 缴纳6万元保证金
    - 签约3年
    - 3年后不想做可把6万保证金退还
  - 股东福利
    - 个人消费可从保证金扣
    - 个人消费享受股东最低折扣
    - 不承担房租、水电风险，不参与店铺运营管理，当然也不占股权
    - 可得100张价值2000元的美容卡
      - 股东可送给自己的客户、朋友、家人
      - 持卡人消费系统即可识别是哪个股东的，并绑定关系
    - 消费分红
      - 股东的客户消费成功，股东即可微信收到分红提醒
      - 系统每日自动核算股东收益，全部透明化、公开化
    - 假如有20个客户打款6万元成为股东，这20个股东的照片做一面股东照片墙，专门给所有的美容师和客户知道她们都是店里的股东

- 收益
  - 第一批20个股东打款20*60000一共120万
  - 股东会把美容院当成自己的店来介绍客户，每人100张卡，20人，都有2000个潜在新客户
  - 加上其他客户，美容院生意爆棚，月营业额能达到30-40万
  - 美容院持有人、新入股店长、美容师、股东都得到了自己丰厚的收益

某美容院的一个共享模式示例图

社交新零售之私域流量八大盈利模块

第 8 章　企业顶层构架

企业顶层架构

公司背景、发展史、资源等
产品品类学习
品牌现状
营销及渠道现状等

01
企业调研与梳理

02
市场调研与
竞品分析

03
运营事业
部搭建

用户画像分析
选品定位
内容输出定位

组织架构全套资料
岗位职责全套资料
岗位匹配人力模型全套资料
员工上岗培训

企业顶层构架图

8.1　企业调研与梳理

8.1.1　公司发展史

8.1.2　品牌及产品概况

8.1.3　营销及渠道现状

8.1.4　项目预算及团队配置

赵啦啦营销咨询服务企业调研与梳理表

公司名称		公司所在地	
项目情况			
当前运营公司类型：	□传统品牌方　□平台　　　　□社交电商团队长 □供应链　　　□研发团队　　□其他_____		
企业背景	经营类型、经营规模、核心优势竞争力		
销售团队情况描述：（如现有团队人数、意向代理团队人数、以上代理团队曾代理产品类型）			
个人及股东背景	个人及股东从业经历、从业结果		
项目经营产品类型	（如：面膜、益生菌、减肥产品…）		
产品市场分析	□市场现有总量数据 □未来3-10年的增长空间及趋势 □各渠道所占总市场份额的比例 □即将进入的渠道现状 □对标品牌		
转型需求	转型的主要需求是什么		
渠道分析	□现有核心优势：供应链？产品？营销？社会资源？ 　消费者资源？招商资源？ □进入现有渠道需要什么资源？ □愿意付出什么成本以什么形式交换？		
现有资源盘点	1、辅助招商的品牌背书资源：政府、媒体、社会公信单位等 2、招商资源：大学渠道、宝妈渠道、上班族资源（会计、护士、销售等等） 3、自己的亲朋好友、同学、同事、客户等 4、公司的员工、合作伙伴等		
品牌目前状态	□未起盘□刚起盘□增盘		
已做筹备工作			
预计投入资金		已投入资金	即将投入资金
已投入资金使用情况			
团队搭建情况			
现目前是否有团队	□有□无		
运营团队搭建情况：	人数：□0-5人□5-30人□30人以上		
销售团队搭建情况：	人数：□50-100人□100-500人□500-1000人□1000人以上		
目前问题			
请介绍项目目前遇到的最大问题：			

赵啦啦营销咨询企业调研与梳理表

8.2　市场调研与竞品分析

8.2.1　用户画像分析

做市场调研首先我们要明确用户画像，也就是到底谁是我们的客户，千万不能认为所有的人都能成为我们的客户。明确了客户是谁之后，必须要在客户出现的地方去跟他联系。

在分析用户画像的时候，你要问几个问题，第一，谁是我们的客户，他们的年龄、标签、属性是什么。第二，他们在什么地方。第三，他们关注什么。第四，如何影响他们。

从适合做社交电商的代理群体来讲，最佳的几个群体有：销售人员（保险、直销、店员、地产等各类销售人员）、个体老板、富太太、富二代、上班族（会计、护士、老师等）、大学生、宝妈……例如，宝妈们关注什么？她们关注孩子的教育，对不对？那你怎么影响到她们呢？是不是要让你的地推人员去给宝妈送孩子的玩具、儿童绘本等才能影响到她们？所以你要分析这些人的需求，才能更好地影响她们。

另外，区域也很重要，有些区域属于社交电商黄金市场，有些则不属于，你一定要锁定你客户所在的最优质区域。

8.2.2　选品定位

初级选品6大标准
刚需、超级痛点、高频重复、大众消费、标品、无需教育市场

选产品，我们初级的标准有六个：

第一，刚需。如果这个产品不是人人都需要的，开发市场的成本就会很高，启动市场的周期也会很长。

第二，超级痛点。即你的产品一定要解决用户的痛点，这个痛点最好是能够让用户花钱解决。比如说祛斑、祛痘，一旦有了痛点，你就可以很好地把这个产品卖出去。当然你的产品不需要解决所有痛点，只需要一个就够了。

第三，高频重复的消费。如果有一个产品，比如一个枕头，如果要用半年或者几年，那它就不属于高频复购的产品，但也不排除这个消费者用了枕头以后，想要再购买送礼等。复购率低的产品如果覆盖率足够广，销量也很大也可以。

第四，大众消费。大众消费就是客户的群体是否足够的广泛，不限年龄，不限性别，能够覆盖全员是最好的，如果不能，那就覆盖高消费力的细分人群。

第五，标品。即你的产品到客户手中，它需不需要做复杂的加工或是复杂的一些操作等。比如我之前买过一款酵素产品，买回去以后要自己在家里泡三天，这对于客户来说，使用是极其复杂的。

第六，想跟大家提的也是最重要的，大家的产品千万不要教育市场。我们选任何产品都不要去选特立独行的、冷门的产品，因为这样的产品你还要去教育市场，非常麻烦。你会发现行业单品做到第一或者单品回款一个亿的，它的产品几乎是让用户秒懂的，大家拿到手一看就知道是什么产品以及如何使用。

深度参考：
热爱、基因、溢价、政策

关于深度的标准：

第一，热爱。你选的产品是不是你真正热爱的产品？你能不能在那个领域投入足够的热情？会不会因为热爱去坚持？

第二，基因。在你的资源里是年轻人多还是老年人多？你习惯做女性产品还是男性产品？

第三，溢价。大家选的这款产品要有足够高的溢价空间。如果这款产品它非常大众或者在市面上已经很普及了，比如柴米油盐，像这类产品它的溢价空间就很小。但是在社交电商这个行业是以渠道驱动的，渠道有利润，这个行业才能驱动，所以你的产品要给渠道留出溢价的空间。

第四，政策。大家选的产品，一定是没有政策风险的，不会违规违纪，这是做大做强的关键。

8.2.3 竞品品牌分析

大家在做竞品分析时，同时要做出一份相应的竞品分析报告，内容包括体验环境、市场状况、行业分析、需求分析、确定竞品、竞品对比（多种分析方法）、商业模式异同、业务／产品模式异同、运营及推广策略，以及归纳和结论等。竞品分析可以帮助大家更好地找到内容的切入点，而不是竞争对手做什么内容，自己就跟着做什么内容，避免最终走向严重同质化的误区。

8.3 运营事业部搭建

8.3.1 组织架构

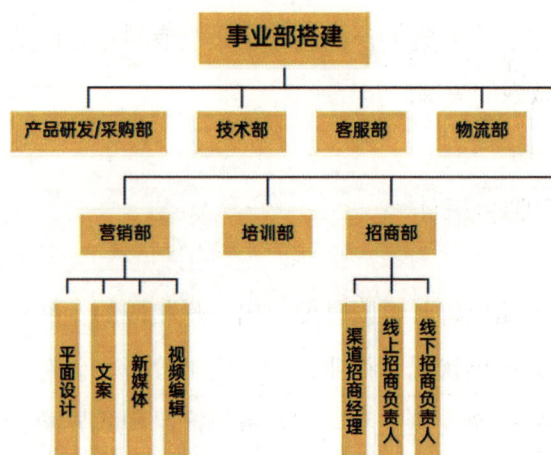

组织架构表

8.3.2 岗位匹配人力模型

岗位名称	文案策划专员	直接上级	部门负责人
隶属部门	新零售事业部	间接上级	项目负责人
下级岗位	无		

以文案策划岗位为例，匹配人力模型示例表

重要性	具体工作	占用时间
1	**负责公司内外各类文案的创意和撰写** 1) 对内：公司官网文案和文化墙文案撰写 2) 起盘前期：每月招商文案 10 篇，产品文案 5 篇，痛点场景营销文案 10 篇，品牌文案 5 篇，广告语 5 条；各类海报物料文案撰写；朋友圈文案每天 10 条左右； 3) 起盘中、后期：朋友圈文案每天 10-20 条，每月代理商 IP 文案 20 篇；每月招商文案 3 篇	35%
2	**负责撰写并策划微信公众号和微博营销活动并跟踪维护，与微信粉丝做好互动。** 1) 每周负责撰写公众号和微博文案至少 4 篇，并在相关平台上面发布、维护更新 2) 每次转发之前，要先由内部成员阅读一定量之后再转发 3) 要针对粉丝的网络行为进行分析、总结，巧妙的将公司产品特点编辑到相关文案中，提高粉丝活跃度	15%
3	**负责本岗位工作内容的梳理** 1. 整理、总结不同类型文案的写作思路及注意要点，并形成系统化的工作流程 2. 学习微商最新打法、社群玩法，结合微博微信营销热点，总结不同节点、招商会现场可运用的策划方案，并负责推进执行。 3. 将常用的文案和策划思路做成 PPT 课件，讲给代理商听，帮助他们一起成长	20%
4	**负责配合美工、运营完成线上线下活动的文案撰写** 1. 线上主要是社群和朋友圈宣传需要的海报文案和发圈的文案 2. 线下文案主要是招商会现场需要的主持稿、讲师介绍文案、活动海报、易拉宝和横幅文案	20%
5	**积极完成领导安排的其他工作** 1) 配合讲师团完善课件内容 2) 担任招商会现场的主持人、引领、财务等角色	10%

文案策划具体工作内容表

（更详细的建议文案策划根据实际工作内容形成工作流程）

8.3.3　人员考核机制

一、设置绩效考核基数

1.公司薪资原本就分为固定薪资和绩效薪资，或公司领导层计划改革为固定薪资和绩效薪资，可直接将原机制中的绩效薪资作为绩效考核基数。

2.公司内没有绩效一说，则需要领导层从公司利润中拿出一小部分作为绩效考核基数，或者下调固定薪资，但"固定＋绩效"一定要高于改革前的总工资。

每个城市消费水平不一，以二线为例，真正有能力的操盘手，前期即使没设分红，绩效基数应在 3000~5000 元不等；客服绩效基数应在 1200~2500元不等；文案策划、美工、运营绩效基数应在 1500~3000元不等；讲师绩效基数应在 1800~4000元不等。

注：行业内固定薪资和绩效薪资比例是 6∶4；高层管理类和技术类岗位比例是 8∶2；文案策划专员薪资比例按 6∶4 构成。

二、绩效考核系数

分数段	系数	分数段	系数
X > 95	1.2	75<X≤80	0.8
90<X≤95	1	70<X≤75	0.75
85<X≤90	0.9	65<X≤70	0.7
80<X≤85	0.85	60<X≤65	0.5

绩效考核系数表

三、绩效考核评分规则

1.岗位薪资结构=固定工资＋绩效工资＋部门奖励＋全勤＋工龄＋其他。

2.固定工资和岗位绩效基数都由本岗位对应的薪资标准决定。

3.绩效总分=85%任务＋15%行为=85%（40%任务自评＋60%任务上级评分）＋15%（40%行为自评＋60%行为上级评分）

4.绩效工资=绩效基数×绩效考核系数（由最终的绩效考核得分决定具体系数，见上表）

注：请假（病假/事假）超过×天（含）属于长假，绩效工资按实际上班工作日计算；未做满1个月离职，当月绩效工资按实际上班工作日计算（具体×天数请以公司考勤制度为准）。

四、绩效考核设置原则

1.职能类岗位按月考核，原则上每月需要有20%~35%的内容更新；高层管理类可按季度考核（季度考核基数务必高于3个月的绩效基数之和×1.2）。

2.每月更新的考核内容由上级以考核当月本岗位的工作重心或提升本岗位人员工作能力（本岗位缺什么就考什么）为依据设置不同的考核内容。

3.小组管理者的绩效考核内容要与小组组员的绩效挂钩。

4.绩效考核标准要可量化。

五、文案策划绩效考核表

注：入职时间 X号（含）以前的按 1个月计算，X号以后的按0个月计算				自评	上级
1	文案编写实际完成数 X	30%	①职 T<1 个月，目标 y=4; ②入职 T<3 个月，目标 y=6; ③入职 T<6 个月，目标 y=8; ④入职 T>6 个月，目标 y=9 文案包括：招商、产品、营销、活动报道、品牌、IP 打造等。	①X≥y+3,30 分 ②X≥y+2,25 分 ③X≥y+1,20 分 ④X≥y,15 分 ⑤X≥y-1,10 分 ⑥X≥y-2,5 分 ⑦X<y-2,0 分	
2	活动策划效果评估	20%	1 级：策划方案非常好，超额完成预期目标。 2 级：策划方案没问题，效果一般。 3 级：策划方案考虑欠佳，导致现场效果不好。 4 级：提前 5 个工作日出策划方案。 5 级：没有提前做策划方案。 注：若做了多个方案，以最佳的结果为准。	①1 级,20 分 ②2 级,15 分 ③3 级,10 分 ④4 级,5 分 ⑤5 级,0 分	
3	学习成果	30%	学习 6 篇不同类型的软文写法，并对每篇文案的写法进行归纳整理，并将其创新到自己所写的文案中。	总分30分，每少总结一篇扣5分，没有运用到自己所写的文案中扣5分，扣完为止。	
4	工作总结	10%	结合文案策划工作和本月招商会情况，写总结报告，并针对不足之处提出相应改善建议。	①既总结又建议:10分 ②有总结无建议:5分 ③没总结:0 分	
5	工作失职	10%	考核内容包括：单篇文案错别字大于 3 处，没有提前 5 个工作日完成策划方案，其他对公司产生重大影响的事都视为工作失职。	总分10分，每失职一次，扣5分，扣完为止。	
	加权合计		自评总和×40%+上级评分总和×60%=		

文案策划绩效考核表

注：此表只做文案策划前期绩效考核内容的参考，实际需结合考核当月文案策划的工作重心及其应具备的能力来调整。

表头的 X 号入职，请根据公司人事制度填写，比如，我们公司是 15 号（含）之前入职的当月算 1 个月，15 号之后入职的次月算 1 个月。

第 9 章　商业模式设计

不同行业转型社交新零售，如何选择适合的模式。

不同行业转型社交新零售
- 医疗大健康行业
  - **行业/品类经营方式现状**
    - 药店（门店）
    - 直销
    - 医疗渠道
    - 供应链、研发机构
  - **适合转型的模式**
    - 层级微商，具体看产品而定
    - 平台商城
- 日化行业
  - **行业/品类经营方式现状**
    - 传统实体店
    - 美容院
    - 医美整形医院
    - 供应链
  - **适合转型的模式**
    - 层级微商
    - 共享门店
    - 短视频直播
- 母婴行业
  - **行业/品类经营方式现状**
    - 批发
    - 专卖店
    - 供应链
  - **适合转型的模式**
    - 层级微商
    - 短视频直播+社群零售
    - 平台商城+社群零售
- 服饰鞋帽箱包行业
  - **行业/品类经营方式现状**
    - 门店
    - 批发
    - 供应链
  - **适合转型的模式**
    - 短视频直播+社群零售
    - 平台商城+社群零售
- 食品生鲜农特行业
  - **行业/品类经营方式现状**
    - 批发
    - 个体店
  - **适合转型的模式**
    - 层级微商
    - 短视频直播+社群零售
    - 平台分销+社群零售
- 家居/家纺行业
  - **行业/品类经营方式现状**
    - 渠道门店
    - 批发
  - **适合转型的模式**
    - 平台商城+社群零售
    - 社群零售
- 教育及知识付费行业
  - **行业/品类经营方式现状**
    - 成本高，竞争大
    - 产品同质化严重
    - 线下学员数量区域化受限
  - **适合转型的模式**
    - 社群零售
    - 平台分销+社群零售
    - 短视频直播+社群零售
    - 层级模式

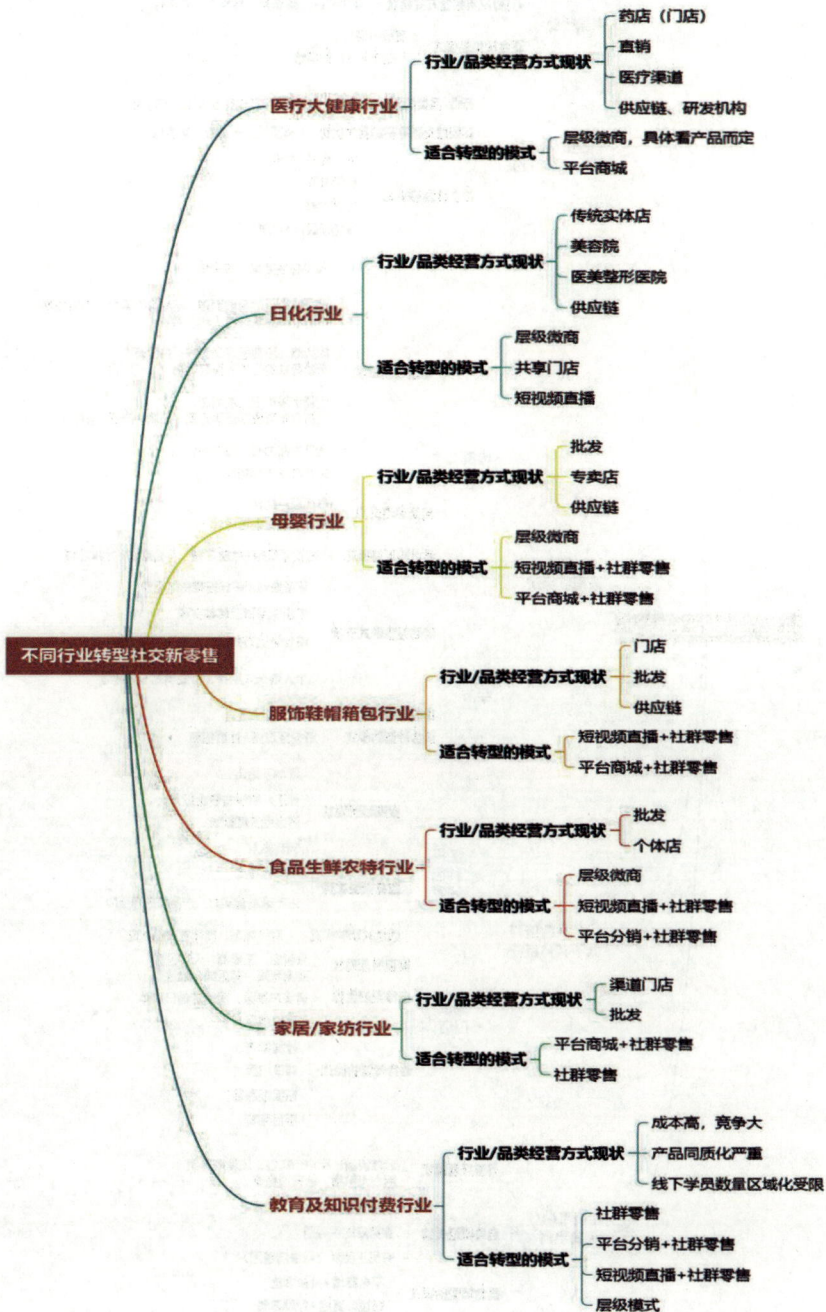

不同行业转型社交新零售选择适合的模式（1）

不同行业转型社交新零售

- 电器行业
  - 行业/品类经营方式现状 —— 渠道门店，难获客，竞争大，成本高
  - 适合转型的模式
    - 层级微商
    - 平台商城+社群零售

- 金融、珠宝、地产、保险行业
  - 行业/品类经营方式现状 —— 陈旧业务方式获客艰难，风险大
  - 转型社交新零售的品类优势 —— 有团队、有基础、转型快
  - 适合转型的模式
    - 平台商城+社群
    - 层级微商
    - 社群零售
    - 短视频直播+社群

- 传统微商及网红经济
  - 传统微商
    - 渠道经营现状
      - 代理黏性变差，流失快
      - 现有核心代理习惯躺赚、不学习不努力、不想做事不想管理团队、拉不动、懒散
      - 招商难，没有新流量进来，也没有新颖有效的方式去整合转化
      - 运营手法陈旧，乱培训，没有全年整套的运营方案（品牌、产品、团队）
      - 团队凝聚力差、没有积极性
      - 只会卖货不懂招商
    - 自身渠道优势
      - 有代理、团队
      - 有微商基础运营经验
    - 适合转型的模式 —— 短视频直播+社群零售、平台商城+社群零售
  - 网红经济
    - 渠道经营形式现状
      - IP难复制，IP标签带货范围窄
      - 娱乐流量直接转购买难
      - 粉丝触达方式单一，变现周期太长
      - 个人难长久坚持，商业模式不可持续
    - 自身渠道优势
    - 适合转型的模式 —— 短视频直播+社群招商

- 工厂、门店等线下实体行业
  - 工厂种植研发
    - 渠道经营现状
      - 订单不稳定
      - 养工厂买设备资金投入大
      - 资金回笼周期长
      - 利润微薄
    - 自身渠道优势
      - 线下代理商
      - 生产研发有实力，产品质量有保障
    - 适合转型的模式 —— 层级微商，具体看产品而定
  - 渠道门店
    - 渠道经营现状
      - 房租贵，工资高，无客进店
      - 客流有限，有区域局限性
    - 自身渠道优势 —— 有客户基数，门店的信任载体
    - 适合转型的模式
      - 层级微商
      - 社群零售
      - 共享门店
      - 短视频直播
      - 平台商城

- 传统电商/平台电商
  - 渠道经营现状
    - 公域流量，用户一次性，流量成本高
    - 用户无粘度，教育消费难
  - 自身渠道优势
    - 有顾客积累
    - 有稳定的供应链
    - 有员工团队（互联网基因）
  - 适合转型的模式
    - 平台商城+社群零售
    - 短视频直播+社群零售

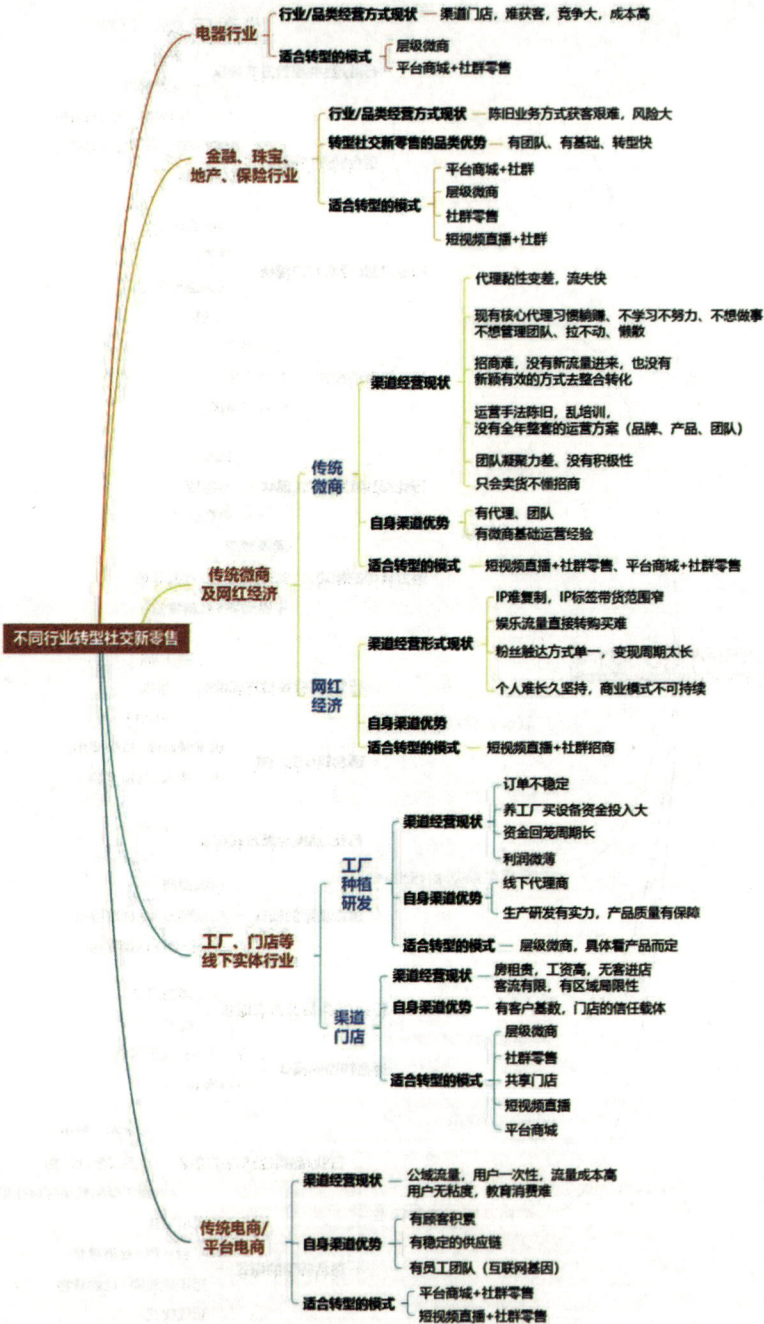

不同行业转型社交新零售选择适合的模式（2）

第 10 章　私域流量变现

　　"私域流量"是2019年在社交电商领域非常火的一个词。无论是资本大鳄还是蚂蚁雄兵都在讨论私域流量池。但这个概念其实很早就被提出来，并不是新鲜产物，只是在流量越来越难获取、成本越来越高的今天，成了大家不得不关心的一个话题。

10.1　什么是私域流量

　　私域流量是相对于公域流量而言的概念，简单理解就是用户留存在自己的流量池中，不用付费，可以在任意时间、任意频次直接触达到用户，具有反复使用的特点。比如自媒体、用户群、微信号等，也就是KOC（关键意见消费者）可辐射到的圈层。

　　区别于传统电商（淘宝、京东等）需要付费的公域流量，私域流量或者私域流量池，具有一个相对比较封闭的环境，用户集中管理，用户与用户之间的关系比较紧密，黏性更高，很有可能形成一次获客而产生多次买卖。

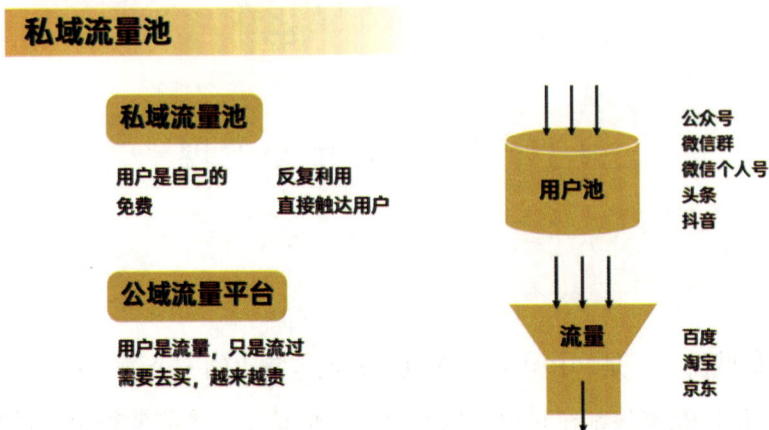

10.2 围绕微信生态的私域流量形式有哪些

10.2.1 微信个人号

微信个人号是商家建立私域流量池的重要来源，也是目前私域流量渠道中触达客户最直接和最高效的渠道。通过个人号的深度运营能够让商家快速提高私域流量转化，增加用户黏性，推动业绩增长。

商家可以根据客户的兴趣爱好、习惯、需求等给用户贴上标签，并通过内容、互动等进行营销渗透，再结合社群的精细化运营将普通用户转化为铁杆粉丝，将原来一次性的买卖转变成长久交易。

10.2.2　微信社群

微信群能打造最好的私域流量池，因为它可以承接各大平台客户流量，商家可以通过社群活动推送信息，高效触达用户，与用户互动链接，效果可控可见，转化率高。好的社群能自动给品牌带来传播，但是社群运营难度比较大，需要专业的运营人员花费较大的时间和精力来运营。

10.2.3　公众号

公众号作为私域流量池的主要阵地之一，有着强大的功能，后台可以评论管理互动，还有粉丝用户画像等各种数据，大家可以很好地利用这些功能来经营我们的用户。

10.2.4　微信小程序

小程序是私域流量体系中活跃度应用和交易落地，支持全场景私域运营体系搭建，告别平台流量，打造商家私域流量池！

以上几种形式，大家可以根据自身情况，选择适合的私域流量池，沉淀转化更多的目标用户。

10.3　企业如何实现全域获客

10.3.1　社交流量

社交流量是通过个人和社交关系进行流量的获取，包括社群运营、导购、社区团购、拼团、微信好友、朋友圈等。其中，社群运营通过社群与用户产生连接；导购可以通过社交与用户在店场景中产生连接，进而提升客流转化；社区团购和拼团则通过利益激励、社交传播的方式为品牌带来新的顾客和订单。

10.3.2　线上流量

线上流量利用网络的实时性、无边界性进行广泛营销传播。商户可以通过公众号的内容、服务通知的推送、小程序浮窗等入口触达用户获取流量。

10.3.3　线下流量

线下流量通过线下体验、服务的升级、门店时空的延展承接流量转化，商户可以通过门店、海报、互动大屏等构建私域流量入口，实现商品与消费者之间的数字化连接。

10.3.4　商业流量

商业流量通过付费广告、KOL、IP内容等方式，借助商业广告触达更多用户，实现精准获客。如在百度竞价、各大媒体平台、App等渠道进行投放引流。

10.4　私域流量转化变现

获取了流量之后，大家最关心的是怎么能把流量变现。想要实现私域流量变现，大家首先要清楚，你有什么用来变现，是卖项目，卖货，卖流量，还是卖工具？其次是卖给谁，怎样卖。为了让大家更好地了解如何将私域流量变现，以下这张总结图，供大家参考、学习。

私域流量变现
6大模式

卖会员：会员制
- 最早的社群会员就是各地商会，提高商业资讯，商业资源链接
- 案例：跨境电商课程小北，以培训为主
- 案例：商业资源对接的撰文样：私人微信号互推，社交电商大会，粉丝聚会专题分享
- 案例：商业资源对接的撰文样：私人微信号互推，社交电商大会，粉丝聚会专题分享
- 案例：区域链李笑来：提供做投资
- 如何做会员制社群？
  - 专业人士（在领域内比别人多懂一点就是信息差），信息差能力 — 微信软件wetool，包装后售卖
  - 长期输出内容的能力，以内容引流 — 流量可以分为内容引流和微信平台引流

卖协作（互相帮助群）
- 案例：在社群内推广小游戏互助群，吸引的人都是小程序游戏用户，可以推广小程序游戏 — 达到一定规模之后，可以进行渠道的承接
- 案例：拼多多助力人群，购物习惯人群，后期可以做精准购物 — 微信群没有搜索功能，可以通过QQ群找到拼多多砍价，引导关注公众号或者个人号可以采用：本人有多个微信号，可以帮你砍价
- 案例：互赞、互评、知乎互赞群，通过QQ群搜索，引流用户
- 案例：互转群，互相转发

卖流量买卖群
- 首先启动微信群的启动来源问题
- 精准群的目标：三同一反，以及寻找精准群的方法：
  - 搜狗微信：搜索扫码入群
  - 百度搜索微信群
  - 从QQ群寻找，关键词搜索
  - 从朋友圈搜索"扫码入群"，找到朋友发的微信群，有时效性，微信好友要精准
  - 相关领域公众号找群：可以多与公众号小编互动，申请进群
- 利用热点事件找群
  - 例如：互怒群，朋友圈把流量导入微信群
  - 热点流量可观看，可以从其他平台引流到微信群
  - 球迷聚集的微信群，也比较精准的粉丝，也可以作为泛粉
- 流量变现可以借鉴：微信群小说分销，通过诱惑的标题吸引粉丝，在小说的精彩环节引导付费或者转发

卖工具：基于微信痛点，有技术能力开发微信周边工具，没有开发能力做内容
- 微信无法搜索
  - 微信语音导出
  - 小程序微信聚集
  - 网站微信群聚集
- 无法批量添加个人微信号 — 例如wetool
- 微信群管理 — 小U管家
- 百人群裂变无法自动切换 — 击活码
- 微信群无法沉淀语音 — 微信语音导出

卖项目，以渠道作为流量变现：
- 例如：微商层级模式
  - 提供优质的产品
  - 提供品牌及市场扶持
  - 提供有效的方法，照做执行即可
  - 核心代理投资项目可以拿到股权或者分红
  - 品牌变投资人或打造创业平台的方式

卖货
- 核心是引导用户参与与购买
- 首先是找到一个让人无法抗拒的产品，让用户无法拒绝（包装价值）
- 注意事项：
  - 小号，话术，红包要配合使用
  - 微信群，个人号卖货流程自动循环
- 案例：众筹，三个爸爸的空气净化器
  - 产品是新奇特好玩的
  - 最好在这个领域有个人权威，哪怕是细分领域
  - 咨询众筹专家

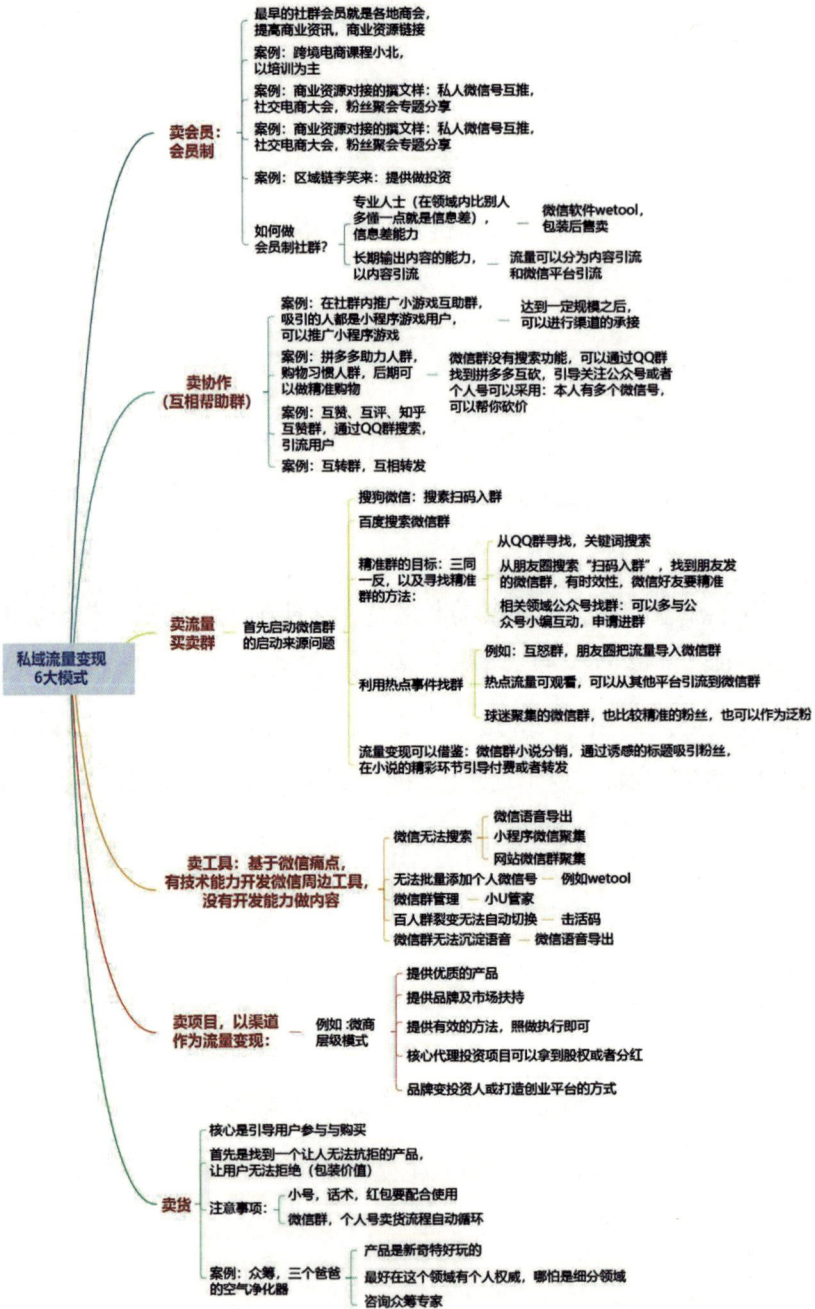

私域流量转化变现六大模式总结图

第 11 章　IP 打造及社群管理

11.1　IP 是什么

IP究竟是什么?

**基于目标人群/圈层/行业，
对于某一个人/产品/品牌的印象与感官。**

IP 概念图

　　不一定是知名度很高、流量很大、认知度很高才是IP。基于一个圈层、人群、行业、社群、朋友圈，都可以树立一个IP。

　　打造IP的核心：基于一个行业、领域、地域、朋友圈、社群，给人塑造一个什么样的形象，来实现对精准人群精准营销的目的。

IP的核心？

精准人群
精准渠道
传播话题
内容体系

IP 核心图

IP的核心

个人IP案例：
一个从事服装批发生意的微商如何
年销8千万？

　　个人IP案例：一个服装批发的店主，通过呈现她是传统门店转型微商的成功案例，去影响她身边的圈子，比如服装圈子、老乡圈子、同学圈子、同事圈子……把他们成功发展成了代理商。

　　换句话说，她通过塑造整个IP形象，激活了身边很多的流量。她在后续扶持当地代理商时，采取了区域扶持政策，以代理商为核心，围绕代理商进行项目开展，帮助更多代理商转化身边的资源和人脉，使得整个团队不断壮大，业绩也不断飙升。

IP的核心

渠道案例：
以渠道定制的
微商产品

（左边的说明书是所有的代理商，右边的某面膜封面照是团队长）

渠道案例：某面膜品牌方采用预购的方式来吸引更多代理加入，只要预购一定金额，你的头像就能出现在产品里。试想而知，你在销售一个专属自己的产品时，你会有多大的意愿去推动它？你能做到多大的成交率，去影响这个圈子？

11.2　团队长 IP 打造

团队长 IP 打造图

11.2.1　基础信息打通阶段：素材积累

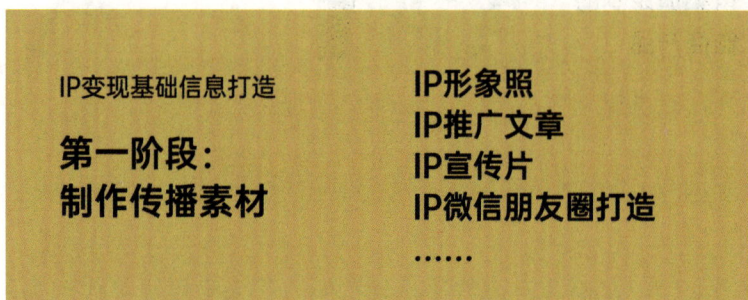

IP变现基础信息打造

第一阶段：
制作传播素材

IP形象照
IP推广文章
IP宣传片
IP微信朋友圈打造
……

　　拍一个形象照，做一个微电影，录制一首歌曲，打造一个朋友圈……这些是素材积累阶段。素材积累阶段是让IP更加形象化，整体属性更加完善，以及我们要对外呈现的形象。

11.2.2　传播阶段：精准人群的精准营销

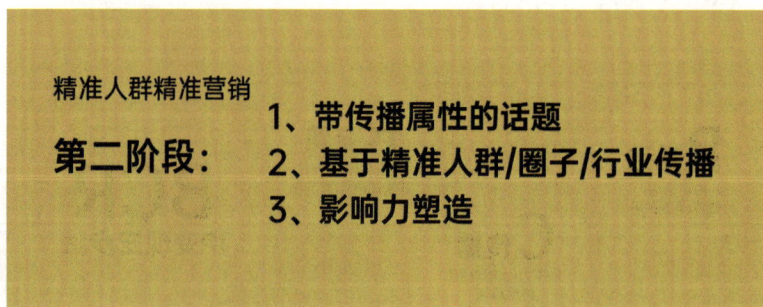

精准人群精准营销

第二阶段：

1、带传播属性的话题
2、基于精准人群/圈子/行业传播
3、影响力塑造

　　有了整个IP形象后，我们要做的就是精准人群的精准营销。

　　行业案例：一个做服装批发市场微商老板，利用IP打造推动销售，模式批量复制，最后发展为30万代理商。

这个庞大的人群，80%都是服装批发市场的人群。在刚起步时，多数人是没有做过微商的。大家是通过团队长的线上宣发，引发了兴趣。

之后服装批发市场老板做了定点的区域包装：

1.每天来货、到货的时候，安排两个拉货小弟跑一圈市场。在货物上面放整体形象，吸引大家关注，让大家感觉做这行生意非常火爆。

2.在出入口的线下媒介，比如路牌，放服装批发市场老板的个人形象，给大家塑造出"成功人士、行业领袖"的形象。让其他同行感觉，平时的朋友现在居然变成了当地的"明星"，自己也想加入。

塑造IP影响力

IP打造并非传统意义上对泛人群，泛行业的高知名度的明星。

而是精准圈层内行业标杆，领袖地位的打造。塑造微信朋友圈的领袖形象同样具有转化意义。

服装批发市场的人群和生意其实是覆盖全国的，服装批发市场老板用这种模式批量复制到全国的服装批发市场。最后调查发现，全国70%的服装批发市场都在做他们代理商的生意。

11.3 品牌创始人 IP 打造

创始人的IP，是作为企业或者产品价值输出的一种方式，不仅仅可以获得更多的用户和粉丝，提高产品的转化，还能具象化企业品牌，这是其竞争对手难以模仿的。这个时代，每个品牌创始人都应有自己的个人IP，当然每个品牌也应该是个IP。

不少人片面地认为IP就是一部小说、一首歌曲、一部电影或一个人等具体形态，创作IP就是创作以上这些具体形态。其实这些形态只是IP的载体，人们是可以通过这些"形态"来理解IP的内核。但IP是无形的，创始人IP折射出的价值观、人生观等层面最终要和人们产生文化或情感的共鸣。

创始人IP是永恒的。IP包容的是一种"普世价值"，一个品牌可以灭亡，但是一个有意义的IP是不会消亡的。

打造创始人IP可从以下两方面入手：

1.塑造独特的、差异化的创始人IP形象

创始人IP的前期打造并不是到处发发通稿而已，而是需要品牌公关有前瞻的眼光和独特的视角，找到差异化的形象，比如苹果公司打造的"乔布斯"IP形象，个性劲头十足，成功地让用户把他与苹果手机甚至是整个行业绑定在一起了，即使他不卖苹果手机，卖其他革命性、创新类产品，相信粉丝也会为他买单。

2.内容需要持续密集传播

让创始人的个人IP属性更加深入人心，绝不仅仅是以上工作的总和或者一次性传播就能出来的，平时节日的互动、感谢函、热点、情怀等营销都离不开。这过程中需要持续、分阶段、有目的、不间断的渗透，围绕主题周期，集中性爆发，缺一不可。

创始人内容的爆发，会直接给品牌赋能。假如你的公司在某个阶段不景气，这个时候需要作为创始人的你出来发声，因为这样别人才能了解到你，你才能吸纳更多的人才，吸纳更多的用户。

门店案例：

1.便利店老板通过个人IP 打造吸引精准人群进行精准营销

假如你开了一家便利店，怎么在原有基础上增加收入呢？我们经常看到大家是通过网红、包装、推广来吸引很多流量，但这引来的并不是精准流量。因此只是做品牌曝光意义不大，大家更重要的是做精准人群的精准营销。对于这种地域性的门店来说，如何引来精准流量？申请10个QQ号、10个微信号、10个陌陌号……统一头像，统一介绍："我是一家24小时营业的便利店，有各种商品，如果需要配送，请加我微信，或者我的电话是××××。"当你把这些账号批量做曝光时，吸引来的用户都是对你的商品感兴趣的、有需求的，这些就是精准流量。这样一来，你可以通过对外展示IP形象，让别人知道你，不用花费任何成本，就能让这些精准的用户导入你的流量池。

2.一家蒸汽海鲜店通过老板朋友圈塑造形象，线上线下互导，增加了20%的营业额

对于线下门店而言，流量到店的消费成本较高，很多人可能只来消费一次，就不来了。商家如果不做流量截存，流量就很容易逝去，伴随而来的便是营业额骤减下滑。

这家海鲜店用三个核心来提升销售额：

1.怎么从每天进店50人增加到100人。

2.怎么让人均消费金额从50元增加到70元、80元。

3.怎么让进店的人从一周2次增加到3次、4次。

具体操作：引导到店的顾客加上老板的微信。老板的朋友圈里塑造一个海鲜店的老板形象，每天发送一些"海鲜新鲜到货"等相关的内容，利用一些促销活动吸引顾客。另外，门店附近覆盖了五个大型小区，利用空闲时间（上午9:00~11:00，下午15:00~17:00）进行区域性配送。不仅降低了成本低，还发挥了门店采购的价格优势。

对于顾客而言，到过门店尝过海鲜，有基础信任，再通过老板朋友圈的影响，信任度不断提高，海鲜新鲜＋地域性配送方便＋价格优惠，顾客自然而然愿意再次甚至多次下单。

当商家把线下的流量导流到线上达成成交后，还可以把线上流量导回到线下，比如通过一些朋友圈活动：第8个点赞的送优惠券，社群内手气最佳的送两个菜……运用大家喜欢占便宜的心理，把顾客再次导流到线下进行消费。

11.4　代理工作群管理

11.4.1　日常问候（群主）

1.早晚安分享

团队长早晚安分享可以多发几组，代理可选择发自己喜欢的语录。

2.早晚安分享时间

早晨：7:00~9:00，晚上：22:00~23:30

分析：每日早安晚安问好，不仅仅是一种问好方式，也是一种心灵抚慰，能让人心情放松，更能激发代理商的学习卖货热情。举个例子：一个人每天晚上、早上六点多在群内发晚安早安问候，别人就会好奇他怎么那么晚睡。当大家得知他早起晚睡原来是在转化顾客、代理，卖货成交，某种程度上会激起胜负欲和赚钱的欲望。

早晚安分享示例图

11.4.2　代理入群（可以设置群机器人／群主）

1.欢迎入群模版

欢迎×××加入我们的×××群。×××群成立于×××年，经过几年的积累，拥有高级供应链基础，不需要您囤货，产品一件代发，无风险卖货。

新人请仔细阅读群规：

（1）改群名片：昵称＋地区＋你的推荐人

（2）群内不定时培训，请准时参加

（3）群内禁止传播负能量

（4）群内禁止人身攻击

对违反群规者，取消代理资格，并概不退费！

2.发红包表示欢迎

推荐人可发个红包表示欢迎，其他群友可发欢迎表情包。

11.4.3 群内分享（群员）

1.新闻、励志、搞笑、文段、图片的分享

（1）模版

关注微信公众号（新浪新闻、搞笑段子、正能量励志文段），里面有大量的素材。

（2）分析

群员们、代理们其实都是普通人，也有喜怒哀乐，励志搞笑的文段能够引起群内代理们的共鸣，代理商之间可以以此为契机，互相增进感情，互相学习，以带动代理群的活跃性。另外，在群里分享的内容、图片或者截图也可以成为发朋友圈的素材。

2.随时分享素材

素材包括出货截图、收款截图、反馈截图、干货截图、产品反馈和代理反馈等。

3.大咖交流分享

分享经验、话术、技巧等。例如今天招了几个代理或者零售了多少单，发收款截图，再给大家分享是通过什么技巧或者通过什么话术成交的，让大家一起借鉴学习成功的经验，提升业绩。

11.4.4 群内事件的处理

1.顾客投诉公司/代理

群内收到顾客投诉、恶意诽谤、恶意攻击等针对公司或代埋的负面消息时，遵循以下原则：判断事件真实性和责任方—乙方有责任/乙方无责任—勇于承担，向顾客致歉，表明会处理好（陈述事件的原委，表明立场，清者自清）—添加对方为好友，私下协商。

2.群员投诉管理员

群友投诉管理员一般分为两种情况：第一，管理员做得确实不好；第二，管理员做得"太"好。

第一，如果管理员做得确实不好，群主可以看情况对他进行提醒，给他一次机会，但是如果其严重触犯了群规，群主必须坚持自己的原则，取消其管理权或者将其踢出，因为作为群的管理者，其身不正，何以管别人？

第二种情况，管理员做得"太"好，即管理员管得太严，让群成员感觉非常拘谨，松不过气来，这个时候，群主需要用委婉的方式让他知道用怎样的方式以及多大的限度来管理群，同时不挫伤他的责任心。

群主、群友、管理员这三个角色共同组成了一个群，只有互相理解，尊重各方，才能让一个群良好地发展、顺利地走下去！

11.4.5 社群激励

1.物质激励

针对内容创造者、群管理者、活动发起者等积极活跃分子，进行物质激励，例如：

（1）不定时送优惠券。

（2）送产品，比如一盒面膜。

（3）送试用装，送新品。

2.精神激励

针对内容创造者、群管理者、活动发起者等积极活跃分子，进行精神激励，例如：

（1）授予专属昵称，比如"每周之星""分享达人""护肤达人"等专属称号。

（2）提供商城首页个人展示位。

（3）制作个人专属海报，官方个人号帮助宣传。

（4）授予最佳社群管理奖等。

11.5　一次性活动群管理

11.5.1　设置群昵称

开课前2小时左右建群，设置好群昵称，比如××品牌短视频直播红利群。昵称中可以加适当的符号、表情，引起大家关注。

11.5.2　设置群规／群公告

1.在建群最开始就明确群内的基本规范是打造良性群的基础。

2.没有规矩不成方圆，方便后期有序转化。

11.5.3　群活跃

建完群开始发红包，金额不需要大，但是频次一定要多，同时也可和大家聊聊热点话题进行互动，比如：疫情期间大家的收入来源都在哪里？

11.5.4　课程开始前

提前三小时由助手公布课程信息，每半个小时公布一次，到倒计时1小时、30分钟至少公布6次课程信息。

11.5.5　课程开始

主持人宣布开始活动，举行欢迎仪式，烘托讲师出场。

11.5.6　课程中

课程形式主要是图片＋语音。课程一定要有互动，让大家有融入感、代入感、参与感。

11.5.7　课程结束

课程结束进行感谢和做总结。可以适当晒晒大家咨询加入成为品牌代理以及转账的截图等。

11.6　招商课／公开课群管理

11.6.1　设置群昵称

开课前5小时左右或者前1天建群都可以，昵称中可以加适当的符号和表情，但要简洁明了，不要太过于复杂。

11.6.2　设置群规（群公告）

1.在建群最开始就明确群内的基本规范是打造良性群的基础。

2.没有规矩不成方圆，方便和代理统一的目标。

11.6.3　群活跃

建完群开始发红包，金额不需要大，但是频次一定要多，同时也可适当转发热点话题，比如疫情期间要注重健康，提升免疫力的新闻或视频等。

11.6.4　课程开始前

提前三小时由助手公布课程信息，每半个小时公布一次，到倒计时1小时、30分钟至少公布6次课程信息。

11.6.5　课程开始

主持人宣布活动开始，举行欢迎仪式，介绍课程主题，介绍讲师出场。

11.6.6　课程中

课程形式主要是图片＋语音＋文字。课程一定要有互动，让大家有融入感、代入感、参与感，中间可以穿插提问环节，提问环节可以用文字表达。

11.6.7　课程结束

讲师最后可以设置答疑环节，群里的"托儿"可以配合提问，答疑环节结束后，主持人进场感谢老师分享、做总结，同时助理发相关公告，进入自由聊天环节。

第 12 章　推广引流

流量，一切生意的本质。在各大社交媒体平台"百花齐放"的今天，流量无处不在，引流其实并不难，难的是你能否专注、深耕。每一个平台都是流量来源，但凡大家能把每个流量平台摸透，皆有可为。

12.1　微博引流

微博作为国内第一娱乐新闻互动社交平台，最大的优势就是公开化、透明化。只要在此平台注册过的用户，每一个你都能搜索到，可以进行联系、对话，没有任何限制，所有用户都是你潜在的粉丝，而你要做的就是把他们挑选出来，成为你的精准流量。

怎么利用微博引流？以下给大家总结了六大微博引流法。

12.1.1　蹭热点引流

微博上每天都能看到大量的热门话题，有时候一个热门话题都是几十亿级的阅读量，尤其是明星事件。所以如果大家想快速引流，蹭热门话题是最好的选择。大家发布微博的时候可以加"#话题的名字#"参与到话题当中，发布的内容穿插我们的广告。这样当很多人搜索热门话题的时候，我们发布的微博也会被展现出来，从而获取流量。

在带话题的时候，大家需要注意一点，就是发表一个内容最多带两个"#字话题"，而且发布的内容还要与话题匹配，否则很有可能被降权。

12.1.2 热门微博评论引流

几乎每一个领域每时每刻都会有热门微博产生。热门微博分为1小时榜、周榜、月榜等，在这些热门微博下面都会有大量的用户去查看和评论。尤其是大V明星，他们发布一条微博有几十万上百万以上的阅读量，评论至少都是几千、几万，所以在热门微博上发言，或者在明星大V的微博去评论一些粉丝爱听的话，能够获取更多粉丝的关注，如果你能组织犀利的观点和语言进行评论，也可以获得海量的曝光机会，达到你想要的引流效果。

12.1.3 微博头条文章引流

发布头条文章对于搜索引擎来说，收录的效果很好。如果文章内容优质还可能被官方推荐，我们还可以在发现栏看到头条文章的入口。微博头条是自媒体的平台，所以你可以留下自己的品牌标识——联系方式、微信或公众号等信息，进而加粉引流。

12.1.4 超话引流

微博引流除了蹭热门话题，还可通过创建超话（超级话题），当我们自己是话题的主持人，就能够首推我们自己的内容广告，那么顾客点进来，我们成交的概率就是最大的。因此，如果你的品牌还没有超级话题，可以去创建一个自己的超话。

大家创建好话题以后，一定要把这个话题的导语、头像、微信号全部设置好，方便粉丝后续更好地进行添加、转化。

12.1.5　搜关键词引流

根据目标客户，进行关键词搜索。比如通过搜索"创业"这两个字，我们就能找到所有在微博中提到这个关键字的人，找到这部分人，然后进入他们的微博，找到他们的联系方式，加他们为好友即可，为了提高通过概率在添加时可以备注微博好友。

12.1.6　抽奖活动引流

大家在微博上经常会看到一些只要点赞转发就能参与抽奖，免费送×××礼品的活动。其实这也是一种很好的微博引流方法。不过，相比普通用户，这个方法更适合有一定粉丝量的大V去做，大家可以找他们合作进行营销引流，因为他们可以帮你引爆这样的抽奖活动，给你带来海量的流量和粉丝。

12.2　小红书引流

小红书运用了"自媒体推荐机制＋电商运营模式"，同时又结合了微博的社交属性，根据互联网分享时代的特点，再加上新零售的运营思维，通过电商的链接，完成了整个封闭式的社区生态链。也就是说，从分享到社交再到转化，小红书通过各种机制给产品设置了完整的输出链，虽然它的Slgan是"标记我的生活"，首页放眼望去是岁月静好的分享，但本质上却是一个打着分享的旗号、不折不扣的精准购物平台。

小红书的营销模式可以用一句话概述——"内容＋社交"。

区别于其他电商购物平台，小红书的优势，在于它不是强硬的推荐产品，而是直接把别人使用产品的结果展示给你看。所以说，我们打开App首先映入眼帘的是一张张丰富多彩的图片，是一个个优质的分享笔记，画面美好，令人向往！

鉴于此，我们可以看出小红书是把"分享内容"放在了首位。这里有一个逻辑就是：先分享，先社交，先建立信任，再购物。所以，在小红书里，我们到处可以看到明星大咖、达人博主们接地气的生活，这些大咖有庞大的粉丝群，也就是说，搞定了人的事、搞定了社交的事，有了信任基础，分享产品再转化就是轻而易举的事了。

小红书引流的模式，可以简单总结为：输出价值—得到推荐—评论私信引流。

打开App首页，我们会发现，系统为你推荐的基本就是流量高的优质笔记。而它们都有一个共同点——图片养眼，标题抓人，内容精简而走心。因此想要运用小红书引流，首先要学会输出价值，写出优质的笔记。

如何写出一篇优质笔记？

1.首图精美、清晰，让人有想点进去看的欲望。

2.标题很重要，建议学标题党，既激发用户好奇心，也能提高点击率。

3.内容质量决定笔记，图片和标题都有了，用户点进来了，那么获取信任就靠内容了。小红书笔记主要以分享购物心得为主，关于这句话，我们需要转换一下自己的思维，很多分享者不会站在客户的角度想问题、分析问题、解决问题，而是主观地从商家的角度出发，强行推出自己的产品，这样发硬广的阅读体验感和真实的购物分享是完全不一样的，甚至会引起排斥情绪。

在这里，文采不重要，有没有认真分享真实体验才最重要，真实的，走心的，把需要分享的内容讲清楚就可以了。

精美的图片配合干净、简洁的内容是"红薯们"最喜欢看的，这就要求我们内容排版上多照顾下用户的阅读愉悦感，不要一口气写完，一段一段地写，每段前面加表情，这样的排版方式起码是整洁且愉悦的。

以上说的是图片形式，如果是视频形式内容更要简洁了。

另外，大家在写笔记时还需要注意以下几点：

1.文章标题中必须要带有关键词，方便用户搜索。笔记内容一定要是使用产品后的真实的感受，分享自己使用之后的变化等。内容要够干，能直接解决用户难题的笔记。字数无需太多，300字左右即可。

2.不能直接在笔记上面留下任何联系方式，包括微信和QQ等，平台的检测是很严格的，被发现会直接禁言3天、30天甚至永久。

3.发布的文章或图片中不能含其他平台水印或信息，如天猫促销等信息，平台会直接给你刷掉的。所以如果你是从网上找的图，一定要先去掉水印。

4.同样一句话不要反复说，不然会被系统认定为垃圾信息，屏蔽你。解决办法就是要先自己准备好不同的几个话术，换着发送，这样会减少被系统检测到的概率。

5.推送时间要符合用户的生活习惯、阅读习惯，一般在上午9:30左右，中午12:00~13:30、下午18:30左右和晚上21:30左右，都是用户下班、休闲的时间。

总之，想让自己的笔记被更多"红薯们"收藏，图片、标题、内容、排版都要下功夫，一篇好的笔记其流量是会持续性增加的，因为平台认为你的笔记写得好会大面积给你推荐用户。

写了优质的笔记之后，我们也要加点小心机，提高笔记的曝光率，为自己的笔记争取更多的流量。

如何提高笔记曝光率？

1.加"#×××#话题"功能。话题可以丰富笔记内容，系统会帮忙归类，让读者更精准、更快速地找到你的分享。

2.加单品。搜索关键词之后添加单品，看起来你更专业、资深，而且你加的"#×××#话题"是可以直接点击跳转浏览的。

3.加品牌、地点。这些直接搜索即可添加。

给笔记添加了标签，你的内容不但可以被系统归纳进首页展示，还会被归类到其他更多的集合页里，但切勿贪心，一个笔记里加的话题，标签不要超过10个。

获得曝光得到推荐之后，下一步进行精准引流，小红书引流主要有两种形式：

1.私信引流。私信一定不能过快。过快容易被官方屏蔽，而且不能直接发联系方式。需要将联系方式分开并且加上相应的干扰符和文字。

2.评论引流。一定不要直接留联系方式。正确的做法是，另外注册小号，头像与简介留联系方式，大号在"分享笔记"评论里引导用户关注小号。

小红书开店门槛较高，不建议新手去尝试，品牌方、厂家或者有实力的代理商可以尝试，从品牌宣传为主，销售为辅。

12.3　豆瓣引流

说到引流，这两年，可能更多的人会把注意力放在比较火的视频引流、直播引流上，其实除了这些比较火的流量平台，还有一些大家不太关注的平台，那些平台也存在一片流量蓝海，比如豆瓣。豆瓣是优质的用户平台，用户主要为文艺分子、意见领袖、白领等，是高端品牌和忠实购买的主力人群。

如何抓住这些高端或者忠实购买的主力人群？如何通过豆瓣获取精准流量？

豆瓣引流的整个流程：豆瓣小组发帖—顶贴—私信加微信号—微信设置与承接—转化店主。

下面给大家解析具体步骤。

第一步，找豆瓣小组。

一个好的豆瓣小组就是一个天然流量池。如何找豆瓣小组？首先要考虑豆瓣小组人数，再观察帖子的活跃度，是否有当天的新回复更新，进入小组之后一定要看组规，不要贸然地随意发帖，比如有的小组规定不说明内容的一律删帖，所以大家在发帖时要注意内容的把控。

在搜索小组时，可以根据目标用户进行关键词搜索，在选定小组之后，下面将提到的三种引流帖子方法都可以发。在这里要强调一点，豆瓣里面严禁帖子重复发。相似的帖子重复发也不行，这样被监测到容易被封号。每天发帖上限是5个，发贴要精而不是多，一个好的帖子完全可以为你一天带来30个以上的精准流量。

在发帖的内容末尾一定要留上一句"先豆后私"，然后自己评论一句。

"先豆后私"就是引导所有感兴趣的人回帖。为什么要回帖？因为豆瓣的展示机制是最近有回复的帖子被顶到小组的首页的第一条。留豆是为了顶帖，把帖子顶到最上面，让更多的人看到，提升帖子的曝光量。

第二步，小组发帖。

小组发帖也称为诱饵设计，是整个流程中最关键的一步。

以下我用三个比较典型的方法讲解如何进行这一步。

1.加交流群

交流群示例图

这里面有几个重要的细节大家要注意。首先，标题要吸引人。不知道怎么写，一个好方法就是在豆瓣小组里找热贴进行模仿，但是千万不要抄袭。然后，是发帖图片，图片要展示群里的聊天内容，最好是干货，有的人会说，我刚开始没有这些怎么办，去找这一类的帖子，进群。然后吸引用户添加你，积累到一定量，你再建立自己的群。最后，帖子内容里要说明"先豆后私"。

2.赠送资料包

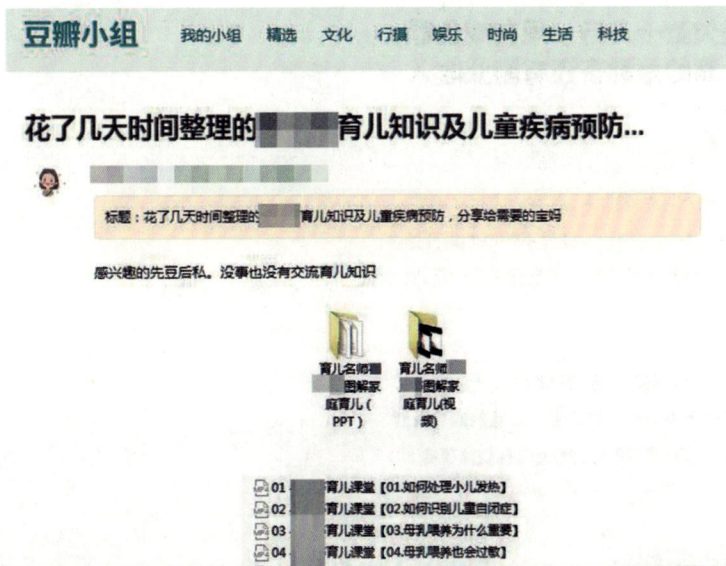

资料包案例图

资料的标题要展示出资料的难得、珍贵，显示其价值。而且标题一定要简短，尽量一行。再通过图片展示一下赠送的内容，显得干货满满。接着简单介绍一下帖子内容就可以，最后要写"先豆后私"。

资料包怎么去找，我给大家三个方法：

（1）找帖子加人去领；

（2）闲鱼搜索关键词，几块钱可以买；

（3）有一个网站叫盘搜搜，可以搜索关键词免费下载。

3.讲励志故事

曾经欠款十几万，现在咸鱼翻身，靠的是勤奋还有副业收入

前两天一个朋友和我说，现在一个月才不到4000块，想做点副业，就是不知道如何开始？这一类问题我经常收到，因为我曾经也是这样的状态。

我给他们的答案是，要先挣到钱，不管多少，挣到了钱才更有动力继续做，而且前期尽量要少投入，最好是0投入，因为现在割韭菜的太多了

想想自己踏过的坑，

开始:下班后做代购微商，每个月能赚两三百。

后来:进群里跟着一起薅羊毛，做黄牛，每个月能赚3000-5000多；

现在:副业已经上轨道，同时做几个项目，自己准备辞职，开个小工作室，目前自己一个人收入已经超过了当时工资的10倍吧

不管你多大年纪，兼职赚钱都应该是你考虑的，如果你已经30了，那35、40、之后呢？曾经的同龄人都开始用副业赚的钱享受生活了，想吃什么就吃什么，想去哪旅游去哪旅游，等你再开始考虑的时候就怕要被社会淘汰了

回复13　赞　转发　收藏1

全部回复

15小时前
豆
👍 0

7小时前
先豆后私
👍 0

5小时前
豆
👍 0

4小时前
豆
👍 0

小时前
豆
👍 0

54分钟前
豆
已私
👍 0

19分钟前
豆
👍 0

励志故事案例图

励志故事是最能打动人的一种方法，因为每个普通人都希望逆袭，都对挣钱感兴趣，这是人的本性。大家可以根据故事框架去改变，但千万不要抄，因为我们引流是为了可以转化更多的人，如果通过虚构故事吸引了人，却建立不了信任，就难以转化。

这个帖子的框架可拆解为三个部分：

（1）我之前过得很苦，经历了什么困难；

（2）通过摸索，做了什么；

（3）一次偶然的机会接触到了什么，让我得到了改变，现在达到了不错的结果。

大家可以根据框架结合自己真实的经历去写。即使故事普通也可以转化角度，通过自己做的品牌，讲自己有哪些改变。但要注意，帖子里尽量不要出现品牌的名字，这样容易被认定为营销帖。

第三步，私信。

有人会问为什么不在帖子页面留下微信，因为这种做法是很容易被删帖的。豆瓣的审查机制还是挺严格的。对于私信，大家要怎么回比较好呢？首先大家不要复制粘贴私信，这样很容易被鉴定为是机器操作，同样会被删帖。并且私信回复的频率不要太高，短时间频繁操作也很容易被监控。短时间的意思就是一分钟内一直在回。

另外，私信的回复要讲究话术，一般回复话术可以是："你好，我平时不怎么登陆豆瓣，如果想了解详细内容可以加我微信：×××××××××"。附上添加微信的理由，效果更好。这里还要提醒大家，有的号不允许直接私信，需要先打招呼，对方回应之后才可以私信，这和每个号的权重有关。

第四步，微信个人号设置与承接。

这时大家的头像最好选用真人的照片，昵称选朗朗上口，让人好记的。在这个基础上，建议大家可以准备一个自我介绍。

在这里给大家一个自我介绍的模板：

姓名或昵称、坐标、擅长，还有可以为对方提供什么，比如免费赠送对方一个小经验、知识点、一次技能服务。自我介绍要求大家有一段非常走心的介绍，能够真正打动别人，把自己的特长展示给别人，或者将成长经历讲给别人，让别人看了之后觉得你很真诚，并且对你有深刻的印象。这个介绍可以在别人加上你微信的首次沟通时发给对方。

接着就根据自己在豆瓣发的帖子做相应的承接，如果你留的帖子是我建了一个宝妈群，那你就要准备好一个宝妈群，添加了之后可以拉她进来；如果你在帖子上留的是可以赠送一份资料，那你就要准备好一份资料，以便大家添加完你可以发给对方；如果你的帖子留的是你自己的故事，那你就更需要自我介绍来对应。大家千万不要一上来就让对方做任何事，我们只有先考虑能为对方提供什么，跟对方建立起基础的信任，后续转化才会更容易。

12.4　朋友圈引流

作为一个拥有11亿日活用户的社交平台，微信无疑是当下最大的流量巨池。相关数据统计显示，微信的11亿日活用户里，有7.5亿人每天都会观看朋友圈，可见如果大家能好好利用朋友圈，一定能获得巨大流量。

想要通过朋友圈引流，首先大家要打造好自己的朋友圈，把自己的朋友圈养好了，不管你发什么都有人跟，什么货都能带，即使偶尔刷屏，你的好友也不舍得屏蔽你，因为屏蔽你他们会失去乐趣。

那朋友圈该怎么养?

1.有温度

大家在刚开始发圈时，千万不要急功近利，天天发十几条、二十条的广告，这样刷屏很容易让好友产生反感甚至屏蔽、拉黑你，大家打造的朋友圈一定是生活和广告相结合的，要展示一个有温度的人，而不是一个冷冰冰的广告牌。真实的生活带来信任，而信任就能带来成交。

2.内容优质

给大家分享生活、工作、爱情、事业、价值观等积极正能量的内容。既要接地气，又要让人满怀希望，不自觉地被你吸引，为你买单。

在这个"颜值即是正义"的时代，朋友圈的颜值也很重要，记住一个原则：悦人先悦己。大家的朋友圈封面要设置美观，发圈的图片、海报也要有质量，能吸引人的眼球。

朋友圈就像一个会客厅、后花园、店铺门面。如何打造朋友圈才能让你的朋友喜欢进去作客、观赏、学习和购物呢？我给大家总结了几个非常实用的方法：

1.海报引流：扫描海报二维码免费进群获取××××，或者分享海报截图免费领取××××。

2.点赞/评论引流：即大家常见的点赞/评论第一条朋友圈有奖活动，可以有效增加朋友圈的曝光，实现精准引流。

3.善用@功能：朋友圈发圈时，有一个@功能，如果你极想让谁看你的朋友圈，你就@他。@功能，一次能@10人。

4.搭配微信其他功能引流：比如利用群发、微信群引导大家关注朋友圈，点赞参与活动。

12.5　微信群引流

作为微信的一大重要功能，微信群也是一个大家非常容易接触到的天然引流池，一个群就是一个流量池，可直接添加好友，直接联系，如果大家能把微信群利用好，同样不缺流量。

如何运用微信群引流，一共分为5步：

第一步，调查分析用户画像。

这第一步非常重要，它能够让你清晰地知道你要找的客户是谁，防止你加过来的客户不精准，导致白忙活。

大家可以从性别、年龄、爱好、职业、地区、收入、特征、痛点、需求等方面去分析你的目标客户。

第二步，寻找精准的社群鱼塘。

如果把引流比作捕鱼，完成了第一步，明确你要抓的是什么鱼之后，大家就要去找那些装有这些鱼的精准社群鱼塘。

那么去哪里能找精准社群鱼塘呢？有3个实用渠道：

1.QQ群

比如我们想要找宝妈客户，那么你可以用QQ搜索"妈妈"这个关键词，就可以找到批量的妈妈社群。

2.交流社区

很多平台和交流社区上都会聚集着大量垂直领域的精准用户，这些常见的平台有豆瓣、知乎等。以豆瓣为例，你打开豆瓣小组搜索

"妈妈"，会出现大量的交流小组。打开小组，你会看到各种社群联系方式。

3.各大学习、打卡平台

宝妈是一群特别喜欢聚在一起学习和交流的群体，因此宝妈群不仅多，而且质量很高。你可以通过各种育儿课程或育儿打卡项目群来找群。

第三步，准备引流诱饵。

鱼和鱼塘都找到了，接下来就给鱼准备它们喜欢吃的诱饵。以找宝妈用户为例，你可以打包育儿电子书、绘本或者去某宝购买，这样可以有效地降低引流成本。

第四步，群聊天引导群好友添加你。

具体操作步骤：

1.进群发自我介绍，并发任意数量和金额的红包。

2.在群里聊大家感兴趣的话题，建立熟悉感和信任感。

3.适当回答群友问题，为群友提供有价值的建议和帮助。

4.在回答问题时植入"诱饵"，引导大家添加你领取"诱饵"。

5.引导领到"诱饵"的人去群里为你做口碑传播。

第五步，运营和维护新客户。

很多人做引流，工作只进行一半。自己辛辛苦苦才找到的客户没有好好运营和维护，导致客户资源白白浪费。其实，引流只是你从一个鱼塘里把鱼带到另外一个鱼塘。如果你从来不做管理工作，那么你的鱼塘一定不会高产，而且一段时间后"死鱼"会越来越多。

怎么运营和维护新客户？具体方法请看下面这张图。

第一，备注好用户来源；
第二，每天批量化点赞50+；
第三，每天认真评论好友10+；
第四，主动给你点赞的好友分标签；
第五，主动评论的好友分标签；
第六，主动咨询有意向的分标签。

只要大家认真去执行，每天精准引流100个客户，一个月加满5000人不是问题。

12.6 地推引流

大部分的社交电商做地推都是为了低成本吸引目标客户，实际上通过地推现场产生的业绩非常少，更重要的价值在于引流。线上引流渠道的成本已经超过100元/个，通过地推甚至可以免费吸引精准客户，如果一场地推能够吸引50个精准客户，相当于已经产生超过5000元的价值了。

地推的三大好处：

1.精准度高。线上获取成本越来越高，通过地推能够低成本找到精准客户。

2.信任度高。线上聊千句不如线下见一面。通过面对面互动能快速拉近你与客户、客户对产品的距离，对你的信任度会更高。

3.知名度高。地推在本地城市能快速形成扩散，团队和产品在当地的知名度就会越来越高。

地推是最接地气的销售引流方式，因为你可以面对面地接触用户，直接进行交流，建立信任。地推虽好，但不要认为地推是万能的，不要认为做好地推社交电商就能做好了，地推只是销售的一种渠道，引流的一种方式，要把社交电商做好，还需要把各方面都做好，考验的是综合运营能力。

做好地推的七大关键：

1.信念

地推即销售。任何的销售都不可能一帆风顺，难免会遇到客户的拒绝和刁难，所以说地推人员的信念是非常关键的，它会直接影响销售结果。要有坚定不移的信念，在客户面前要有超强的自信，对产品、对品牌、对公司、对自己的自信直接决定销售成败；要有越挫越勇的信念，把每一次销售当作锻炼的机会，把每一次销售当作提升的机会，不怕失败；要有不怕被拒绝的信念，把客户的拒绝当作成长的肥料，每拒绝一次便离成交近了一步。

2.主题

做地推前首先要思考地推的主要目的，明确了目的才好做规划。以零售为主还是为了引流造势，目的不一样，活动方案也不一样。然后确定主题和方案，方案决定活动是否吸引人，是否能够把活动引爆。比如关注、点赞送礼品、推荐朋友领奖品等活动。

现场促销活动的优势体现在有优惠、有赠品、有好的销售策略。所以，活动的成败，是对品牌的考验、对代理的考验，也是对销售团队的考验。

（1）以公司名义作宣传，可信度更高；

（2）制定优惠政策，如买面膜送水光针；

（3）准备小礼品，如加微信送一片面膜；

（4）准备抽奖箱，购买满×即可参与抽奖。

（5）为了现场氛围更好，在活动现场可以适当找几个人当托儿，提前套好话术。比如我朋友向我推荐过×××，说用着很好，早都想买了，现在还送护手霜啊，真划算，给我来一个。

（6）不断摸清客户的内在需求，适时地给予礼品鼓励购买。准备一些图片形式的客户购买见证，打印出来，刺激客户消费。比如使用×××产品后，色斑、痘痘之类不见了。并且最好选择朋友圈都发过的，直接截图，可信度更高。

（7）客户介绍朋友现场成交送介绍人产品。比如介绍朋友购买面膜加送一支护手霜或奖励现金红包。

3.人员

做地推最好是组团，这样更能高效地把细节工作做好。

（1）4~5个代理人员组队，建好"本地化"团队。

（2）分工明确，各司其职，每个人都能找准自己位置。

（3）地推考验的是团队协作能力，发扬的是团队精神。

（4）地推过程中越付出越成长，付出越多吸收的经验越多，成长越快。

（5）成交的单子可以平均分配给每个人，按每个人的级别进行结账，或者每次给专人做销售引流，轮流做。

（6）专业知识是地推的致胜法宝。代理在地推前必须熟悉公司产品特点、价格、代理制度、模式政策等，这是成交的前提。代理要学会灵活使用产品专业知识来回答客户的问题，打消客户的种种顾虑，使客户倾向于产品并产生购买或代理欲望。

团队内部PK，设定合理的激励机制，如销售第一名获得××现金红包奖励，第二名获得××盒产品奖励，以及名誉的晋升，如优秀代理称号等。

4.场地

客户在哪里？客户就在身边，但真正消费的客户是谁你却不知道。

地推前需要采用不同的手段宣传，覆盖用户群体。传播途径决定传播面积和用户人数；宣传内容决定用户对活动的吸引度和参与度。

建议：

（1）提前宣传，如发宣传单、游车宣传、游街宣传等。

（2）宣传内容要直白，让人一听就心动。场地选择是根据产品摆放、人流密集度、促销规模大小等综合分析的结果。要了解当地用户的生活习惯、聚集特点，以及天气状况对活动的影响。

（3）了解场地情况（人流量、周边人群构成及其消费能力），了解清楚再确定场地。

（4）场地可选商业购物中心、广场、社区门口等人流量密集的区域，尽量选择高端一点的地方。

（5）预测当天的天气情况，作出应对措施。

（6）跟场地负责人沟通，以公益的形式送礼品，最好直接送体验产品。

5.物料

（1）宣传品：宣传单、名片、产品资料。

（2）硬件：桌椅、横幅、雨伞、服装、横幅。

（3）小礼品：不要太贵，淘宝上3元以内的即可，准备100~150份。

（4）试用装：准备100~200份试用装，也可拆开产品现场试用。

（5）地推三宝：扫码宝、易拉宝、充电宝。

现场如何布置？

（1）保证场地畅通，不影响销售。

（2）重点产品重点摆放，如明星产品要摆在最显眼位置。

（3）充分利用场地渲染气氛，设计堆头、X展架、音响、抽奖箱等。

6.销售

销售是地推的关键环节，也是取得成果的环节。销售人员的专业度是非常关键的，直接影响结果。

产品价值塑造能力：100%熟悉产品成分、特性、功效、卖点，能够跟客户简单明了地讲清楚。

了解顾客需求能力：擅长发问和聆听、挖掘客户需求。

谈判沟通说服能力：擅长谈判和代理，能够整合人脉资源。

解决方案设计能力：懂得根据客户需求设计符合客户的方案。

顾客关系建设能力：擅长跟客户处理好人际关系，拉近距离。

销售过程推进能力：擅长把销售过程快速推进，产生成交。

客户为什么不愿意参与进来？

（1）没有互动：现场互动氛围不够。

（2）没有场景：现场仪式感不强。

（3）没有价值：客户没感知到活动的价值。

（4）赠品没特色：赠品不是客户想要的。

（5）活动没亮点：活动对客户来说没有吸引力。

7.跟踪

活动总结：

（1）本次活动销售业绩是多少？

（2）吸引了多少粉丝？

（3）送出了多少礼品？

（4）活动人流量大约多少？

（5）活动有哪些不足？

（6）做得好的对方有哪些？

客户跟踪：所有吸引来的客户要一对一进行交流沟通，通过系统化的服务进一步转化。推广获取用户，产品留下用户，服务升级用户。组建本地化代理团队，进行"地推＋沙龙"，地推是社交电商低成本获取客户的有效渠道，沙龙是高效转化客户的方式。

12.7 门店引流

当前很多传统门店经营遇到的最大问题，就是严重缺少客流量，尤其是2020年，受疫情的影响，关门闭店，零客流成了压倒一大片门店的最后一根稻草。解决当前线下门店客流危机，最好的方式就是把线上流量引流到线下。而线上引流大家最容易操作，成本最低的方式就是群引流。据统计，如今微信每天新增300万个群，微信群已经成为新一轮引流渠道。

如何通过线上微信群引流到线下门店？可通过以下5个步骤进行获取：

第一步，开展微信群福利活动。

微信群引流，其核心原理还是老客户的裂变。出师有名，大家既然要做老客户转介绍，就要给客户一个合理的转介绍理由，例如，"庆祝开店100天""会员日福利"。

第二步，邀请老客户进群。

编辑群发文案邀请老客户进群，"您好，我是××店。明天我店开业满100天回馈顾客，诚邀您加入我店顾客福利群，一起与本店的粉丝参与抽奖/交流/互动等活动。明晚8点群里开始抽奖，连续7天，奖品包括体重秤、家用工具箱、毛巾四件套、保温壶、电动榨汁杯、拉杆箱、康佳净水机等，以及红包现金和×××免单资格。本群无广告，只为回馈老顾客，进群请回复'1'，拒绝进群回复'2'，不回复默认进群。"

把以上文案用微信发给店里的老客户，把愿意参与活动的客户拉到群里。

第三步，互动送福利。

老客户进群后，不能立即推出转介绍主张，需要进行游戏互动，让客户真真切切得到福利，送出的奖品和红包价值越大，第四步进行得越顺利。

互动游戏怎么玩？可以是摇色子、有奖答题、红包抽奖……在互动中对客户推出转介绍主张。

第四步，鱼饵裂变。

群里进行2~3天的游戏互动后，小部分群友免费获得了福利。有的人中了实物礼品，有的人获得了现金红包，因为奖品数量有限，肯定不能满足所有人的需求。这时候那些热情参与游戏互动但没有获得礼品的群友内心肯定失落。为了照顾他们的感受可以顺势推出新的活动。

举个例子，"只要你邀请10位朋友进群参与游戏互动，同样可以免费获得价值88元的烤鱼套餐。"把这个主张推出后，有人为了免费得到烤鱼套餐，就会主动帮你邀请客户进群，达到裂变的目的。

第五步，秒杀成交。

通过第四步的鱼饵裂变后，微信群很快满500人，很多新进群的好友作为新客户，对我们店根本不了解，如何让他们主动进店消费呢？这时候就可推出让他们无法抗拒的购买主张，比如秒杀。通常这种主张对商家来说都是微利甚至是不盈利，其目的是为了把线上流量引导到线下，后续再通过系列操作把新顾客变成老顾客，持续消费进行盈利。

第 13 章　营销素材制作

　　微信作为国内人手必备的社交App，不管是对个体还是企业都已经是必不可少的营销利器。微信已经变成了继实体和电商之后的第三大卖货渠道。为了让大家更好地理解如何去利用好微信打造卖货渠道，我用实体店来对应解析微信私域流量的店铺经营。

社交平台&实体店
"以微信来还原实体店铺形象解析"

　　打造高盈利微信店铺的五大要素：微信号、微信名字、头像、主页、朋友圈。

13.1　微信号设置

"微信号"检索难易度
相当于实体店铺位置的好坏性

随着科技和生产效率的提升，产品越来越丰富，甚至过剩，再也不是"酒香不怕巷子深"的时代。商家抢客户的路径越来越短，把交易建立在离顾客最近的地方。对实体店而言，就是地段好，最容易让顾客找到的黄金旺铺。对于微信，就是能让顾客方便地搜索到我们的微信号，记得住我们的微信名。

因此微信注册后，第一时间，我们要把微信绑定自己的QQ号或手机号，设置纯数字的微信号，让大家方便记，容易输入，而且也容易同步通信录和QQ里原有的人脉，另外还可以用自己名字的拼音全拼或者缩写做微信号。

总之，顾客便利一分，我们的利润就提高十分。让顾客越方便，顾客付费就越快。

13.2 微信名字设置

微信名

相当于店铺名字，要有识别度
有记忆点，利于传播

很多小伙伴喜欢取一些带有符号、字母或者看着很个性但不知所云的微信名字。从顾客的心理角度来说，如果他对你不是特别熟悉，在他需要产品的时候，根本没办法找你。所以，给我们的微信取名时，建议用自己的产品/专业＋艺名或姓氏（当然，真实姓名也行）。这样取名的好处就是顾客搜索产品或品牌的时候能快速找到你，另外大家看见这样的称呼会觉得比较真实靠谱，能有效拉近顾客与你的距离，利于成交。微信名取名举例：某妈妈的小铺（宝妈专属）、富哥卖米、某细分第一人、某某导师、广东郭富城、某某品牌创始人、某某品牌什么级别的团队长，等等。

13.3　微信头像设置

头像即一个品牌图标
是别人把你存在记忆的符号

　　微信头像建议用本人头像，而且是专业拍摄或精心修图的高质量图片，头像形象直接决定了我们在顾客心中的专业定位。从销售心理上说，第一印象可以影响顾客20%的消费决定。我们经常说，社交电商拼到最后，拼的就是自媒体、自明星、自品牌，那么微信头像就是我们个人的品牌LOGO。不同的微信头像所吸引来的粉丝是不同的，当然也会潜意识地影响着其他人是否愿意加我们为好友，是否会通过我们的好友请求。

错误头像举例：

1.用风景做头像。顾客无法感知到你的真实形象，这对于建立信任是一个很大的阻碍。

错误头像举例之用风景做头像

2.用卡通形象做头像。卡通显得过于随意和不成熟，特别是一些高质量的顾客很容易就被你无意中拒之门外了。

错误头像举例之卡通形象做头像

总结一下，我们选择的头像要以真人为主，看得清面部五官，要用职业照，不用生活照，最重要的一点，头像一定要符合目标客户的口味。

13.4　微信主页设置

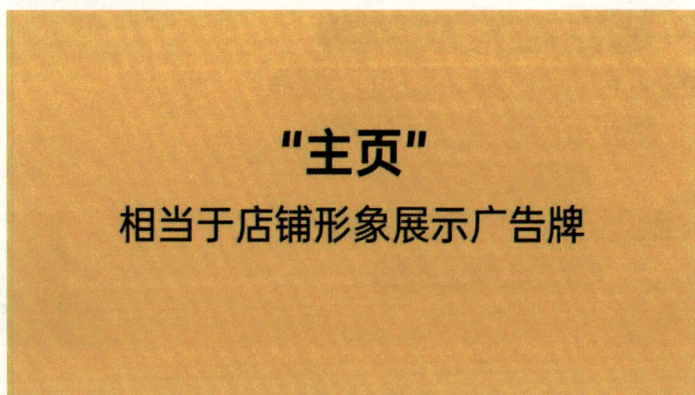

"主页"
相当于店铺形象展示广告牌

分析微信主页设置之前，大家先思考一下，开一家实体店的简单流程是怎么样的。

第一，找一个好位置的店铺，对应注册微信，设置微信号。

第二，店铺起名，门面装修。对应微信名字及微信头像设置。

第三，店铺户外广告布置，对应微信主页的设置，包含主页照片设置和签名设置。

除了头像，顾客还需直观看到你的信息。主页照片设置，相当于实体店铺的户外广告牌，要第一时间抓住顾客眼球，才能在众多店铺当中脱颖而出，吸引顾客进店。我们以举例的形式来解析微信主页如何设置。

1.主页照片设置

（1）小代理主页

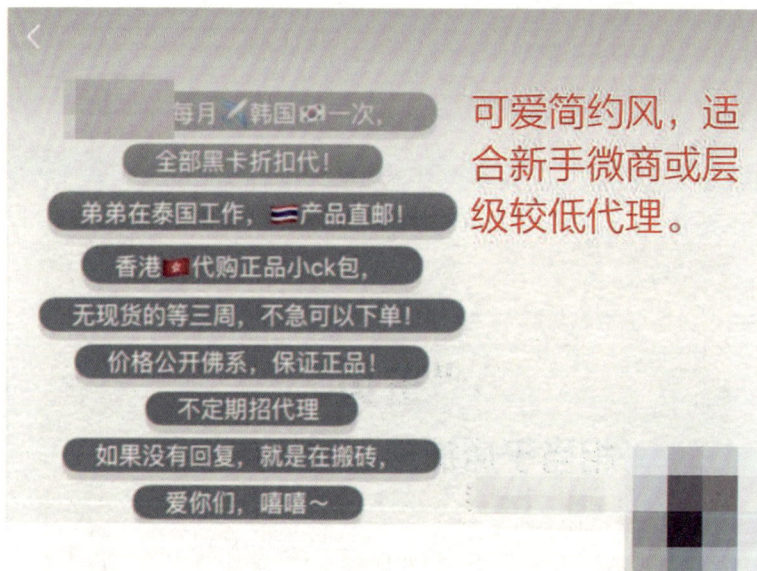

每月✈韩国🇰🇷一次，

全部黑卡折扣代！

弟弟在泰国工作，🇹🇭产品直邮！

香港🇭🇰代购正品小ck包，

无现货的等三周，不急可以下单！

价格公开佛系，保证正品！

不定期招代理

如果没有回复，就是在搬砖，

爱你们，嘻嘻～

可爱简约风，适合新手微商或层级较低代理。

小代理微信主页图

简约可爱风的背景图，适合新手代理或小代理使用。这样的背景图有亲和力，给人一种舒服、愿意接近的感觉。

（2）团队长主页

团队长微信主页图

　　形象照＋业务介绍/产品介绍＋所获荣誉/团队介绍，适用于团队长，这样的主页给人一种专业、靠谱、有成就的感觉。

（3）品牌方主页

品牌方微信主页图

品牌形象＋品牌介绍/产品介绍＋团队展示＋活动大会照片，塑造出高端大气、高品质的品牌形象。

（4）服务商主页

7年实战专家，新零售起盘0-1陪跑首先。

服务商微信主页图

服务商IP＋服务介绍/项目介绍＋服务品牌案例，给人展现出专业、有保障、值得信赖的形象。

大家可以根据自己的实际情况，结合目标人群来设置自己的微信主页背景图。

2. 微信签名

签名
"一句话能引起的共鸣感"

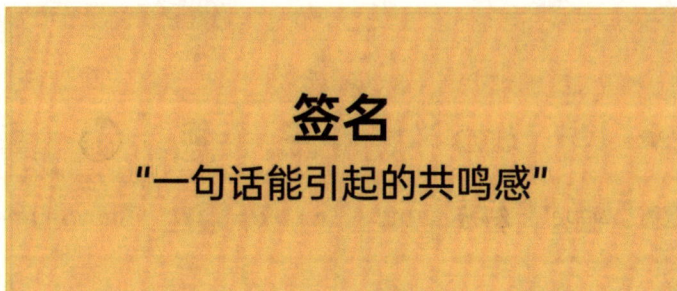

深入人心的品牌都有一句朗朗上口的广告语，哪怕是简单、粗暴的"恒源祥，羊羊羊"，目的是达到让顾客快速记住的效果。微信签名就相当于品牌的广告语。另外签名也是品牌人格化的表达，能够让消费者产生共鸣。

签名设计的几个参照方向：

（1）个人及品牌价值观表达。比如，敬天爱人，知行合一；照顾好天下父母。

（2）正能量语句。比如：独立、坚强、温暖、努力、爱，这才是一个女孩子应该成为的样子。

（3）业务介绍类＋公司活动类。比如，某某巴厘岛奢华游启动中……

大家可以根据自己的风格和客户群设置合适的签名。

13.5　微信朋友圈打造

朋友圈内容对应实体店内部装修和商品货架；朋友圈活动对应线下店活动。

朋友圈

相当于店铺装修和产品陈列，决定了客户在你这里停留的时间与你商品的曝光度

新零售时代通过微信消费的人越来越多，通过朋友圈不仅能够直观地看到产品活动，还能通过商家的顾客圈子认识更多的新事物，新朋友。比如你的好朋友推荐了一个包包、一本书，你第一反应就是想去问一问可以在哪里买，然后这个商品可能就会因为每一个好友的传播变成了网红产品。也正因为这种传播才有了社交电商，同时我们也可以利用这种传播将品牌做得更大。

首先给大家看一组数据，有个学员的好友去年除去日常生活开支，一整年赚了一百多万，平均每天发圈十条左右，一年三百六十五天就是三千六百五十条，这样算下来一条朋友圈就价值二百七十三元。可能以前我们没有这么明显地感知数字，现在列出来，对你是不是有很

大的触动？

既然朋友圈如此重要，那么具体如何打造好它，我从四个方面进行阐述，分别是：四大原则、六大心态、内容构成、内容排版。

一、四大原则

四大原则有八个字：有情、有趣、有用、有品。

有情，指的是让自己的朋友圈有情感、有情怀，有血有肉，体现出你的真实，而不是一个只会暴力刷屏的广告机器。这个情包含了爱情、亲情、友情、团队之情等。

有趣，就是一种轻松愉悦的氛围。不管是朋友圈的文案、图片、视频，还是文章，都要展现你是一个有趣味、幽默的人。刷屏的操作千篇一律，有趣的灵魂万里挑一。有趣也是情商高的一种表现，有趣可以提升个人魅力，快速拉近我们与微信好友的关系，降低用户对我们的信任成本。

有用，即有价值，大家每一天所发的每一条朋友圈，都要有目的。我们需要针对某一个人或者某一群人固定输出内容。比如你是卖保健品的，你就可以结合你的产品，输出健康知识，从根本上提升大家的健康意识和保健能力，同时树立你的专家形象，建立权威信任。大家要注意一点，分享一些对用户有帮助的专业知识的时候，尽量避免用太高冷、太生僻的专业术语，建议用一些比较接地气、有趣的表达，深入浅出，让用户一听就懂，这样的效果是最佳的。

有品，主要有两个含义，第一"品"代表品位，第二"品"代表品德、品格。大家在经营朋友圈的时候，一定要体现自己是一个有品位、有追求的人，这种品位不仅仅体现在物质上，更要体现在生活上，可以通过分享特长、兴趣爱好等去展现，吸引跟你有相同爱好、相同品位的人，从而成为伙伴。有品还要展现我们的品格，作为一个生意人，最基本品格就是诚信经营。另外还要展示勤奋、努力、积极向上的一面。大家可以通过一些具体事件、一些真实的聊天记录截图去体现。

二、六大心态

客户的顾虑心理一般有六种情况。我们可以根据客户群，找出意向人群的心理顾虑，然后通过朋友圈多维度展示真实情况，打消他们的顾虑。

1.怕被骗

针对这种心理，我们的朋友圈要多发成交图、客户反馈图、代理对团队及公司的评价、代理的经营情况、品牌实力、线下活动图和小视频等，展示一个真实、有诚信、有能力的你！

2.怕赚不到钱

针对这种心理，朋友圈可发新手代理的经营情况、公司日常培训内容及课后实操结果、日常的一对一教学辅导，展示公司对新人的扶持和培育力度，以及新人的成长情况。

3.怕被嘲笑

针对这种心理，朋友圈可以发代理提车、买房的案例图，以及闺密、好友、家人的肯定和支持等，打消新代理的心理负担。

4.怕产品没有效果

针对这种心理，朋友圈可以发产品功效、产品使用效果、客户评价反馈、自己以及家人、朋友使用后的效果图片和视频，展示真实的产品。

5.怕卖不出去

针对这种心理，朋友圈可以发代理日常经营情况、收入情况、代理的真实感受和对公司的认可评价等。

6.怕没人脉

针对这种心理，朋友圈可以发公司持续提供的"加粉"方法、"加粉"活动，以及代理商实操后的"拓客"效果。

三、内容构成

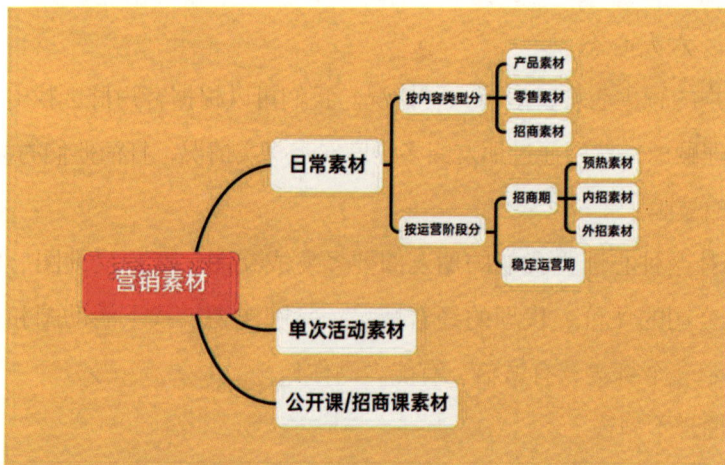

营销素材流程图

1.单次活动的朋友圈七部曲

（1）活动图

（2）咨询图

（3）成交图

（4）发货图

（5）售后跟踪服务图

（6）客户满意度反馈

（7）活动数据汇报

首先发活动海报图，呈现活动内容，其次发咨询图，展示活动人气，就像实体店门前排了长长的队，吸引更多人来围观，这就是从众心理、罐头笑声效应。

成交后，成交付费聊天记录截图及发货现场图片发朋友圈，多方面证实活动爆单情况。当顾客收到以后，要访问顾客对产品的体验感，收到顾客的好评再次发圈展示，体现你的产品优势，从而刺激朋友圈其他好友购买。

以上全部完成后，要进行整个活动的数据统计，比如说本次活动一共引流多少人，零售多少盒，回款多少万等。统计完所有数据，再把结果做成海报，全员发圈展示。就像大家耳熟能详的"香飘飘奶茶可绕地球×圈"的广告，这个数据不但让人记住了香飘飘，更记住了它的好销量，拉动了大家的购买欲。

还有重要的一点，大家要在代理群里庆祝，比如恭喜我们团队本次纳新××人或者是恭喜我们品牌本次一共回款××万等等。鼓舞团队士气，并对业绩突出的个体进行表彰。

2.朋友圈日常基本内容

朋友圈被关注的两个理由：

1.生活品质高　　2.思想有高度

过客：引起注意
看客：引起兴趣
访客：激发欲望
顾客：用心服务 利益捆绑

（1）分享生活：吃喝住行、美景、美食、个人爱好或者特长，如球技、舞蹈、厨艺、绘画等。

（2）分享情感：家人的温馨瞬间，朋友相聚的快乐时光，伴侣的浪漫约会等，让整个人更加饱满，更容易取得朋友圈好友的信任。

（3）分享生活道理：生活感悟、价值观等正能量内容。

（4）分享工作日常和工作心得：展示工作勤奋、努力以及工作中的经验和收获。

3.零售内容

（1）产品宣发：产品功效宣传、产品使用效果展示。

（2）销售晒单：成交图、收款图、爆单图。

（3）售后服务：快递发单图、售后服务跟踪图、客户评价反馈图。

4.招商内容

（1）招募宣发：品牌实力介绍、项目介绍、团队介绍。

（2）代理情况：现有代理经营情况、收入情况、代理对团队及公司的评价、每天新进代理人数。

（3）提供内容：政策福利、公司日常培训内容、课后实操结果。

四、内容排版

朋友圈的三种表现形式图

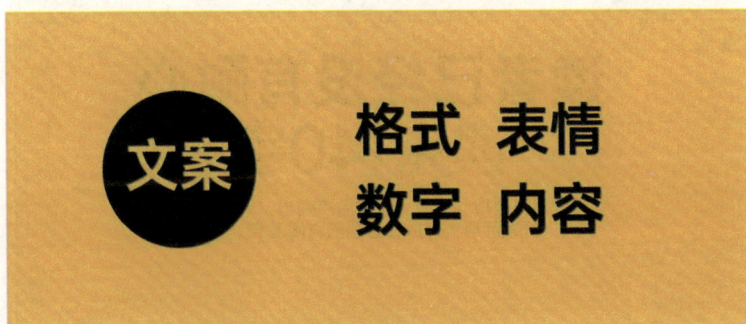

朋友圈文案表现形式图

朋友圈图片表现形式图

朋友圈视频表现形式图

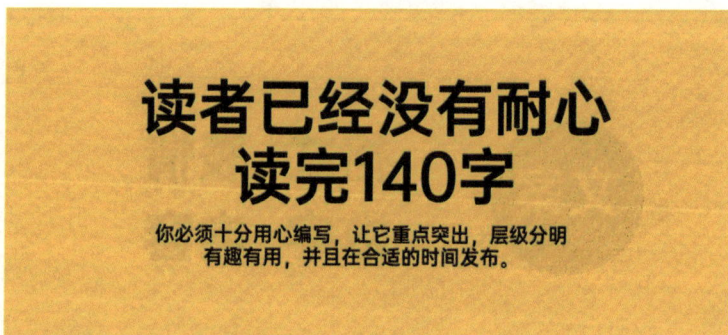

1.纯文字排版

对于新人来说，发朋友圈最简单的操作就是纯文字，只要长按朋友圈右上角的相机按钮，即可编辑添加纯文字。编辑好后你会发现，超过6行的文案会缩略成全文模式，而在你的个人朋友圈只显示两行。因此大家在发朋友圈时要对文案行数、字数进行周全地考虑。把中心的文案放在第一行、第二行，以吸引客户点击，而每行文案控制在14个字左右，不要超过18个字。

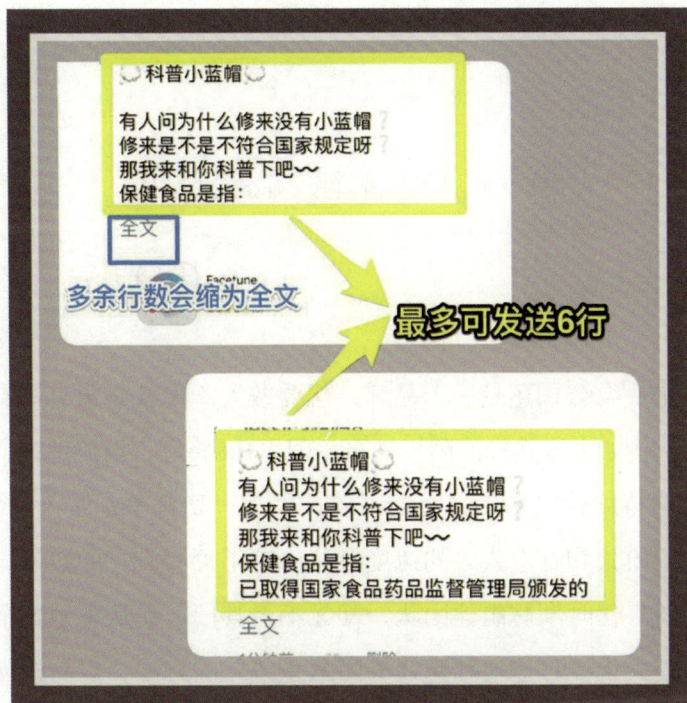

纯文字排版发圈案例图

2.图文排版

首先，要善于运用表情符号和图片让朋友圈内容更生动、丰富。同时也要学会通过图片和字符来进行分割版面，进行留白和聚焦。其次，图片的排版不要出现缺角的情况，朋友圈图片张数可以是1张、2张、3张、4张、6张、9张，不能是5张、7张或8张。

第 14 章　团队系统搭建

　　无论是一个公司还是一个品牌，想要做大规模就必须有一支坚不可摧的团队，例如大家熟知的阿里铁军，阿里108将等，准确地说，是要打造一所能够持续输出精兵强将的军校。因为一切竞争都是人才的竞争，吸引人才的模式和打造人才的速度最终决定了拥有人才的数量。针对一些在试水新零售时期想组建团队，却又不得其门、无从下手的企业，我总结了一套关于"打造自动赚钱的团队系统"的方法，复制即可持续输出人才。

14.1　团队组建结构

"团队组建"框架图

社交新零售市场的代理商团队构架可以总结为8个字：两个网络、四个角色。

两个网络：消费网、团队网。消费网由基层代理组成，主要做零售。团队网由高层代理组成，主要做招商。

四个角色，分别是消费者、零售者、团队长（规模足够大具备一定影响力的团队长）、自明星。

例如，实体店做招商加盟，还是做直营店零售，这两者都不是一个模式体系，而社交电商则是两者兼顾又能有所侧重。

两个网络分别对应两个角色。

消费网：由消费者和零售者两个角色构成。传统的顾客永远是顾客，销售员永远是销售员。社交电商不一样，社交电商两个角色是灵活互换的。而且传统店铺以卖货和复购为目的，社交电商以传播和裂变为目的。注意这个区别，传统店铺，进店买了东西是顾客；社交电商，所有人都是我的顾客和兼职分销商，买不买都可以为我传播，买不买都可以卖我的产品！也就是把所有消费者变成加盟商或松散合作形式的兼职销售员。

例如，2020年的疫情期间，每个人都需要口罩，很多商家就开始送口罩，不盈利，只为消费者提供便利，赢得他们的信任。初步的信任建立了，后面卖什么他们都会买单！而且买与不买都可以设置分享机制，让顾客帮我们发朋友圈宣传。很多人觉得微信是做小生意的地方，其实不然，10亿用户并非小生意。朋友圈持续裂变，微信群持续裂变，这种私域流量池已经成为新经济的第三种主流渠道。

相信大家都遇到过非常认可某种产品，长期复购，但就是不合作代理的人。其实这很正常，每个人接受新的行业都需要过程。但认可产品的人很容易也很愿意帮商家去分享，分享的过程中带来的新客户有可能会比介绍人更快速地成为代理商，分销品牌产品。

因为合作代理这件事情和购买产品完全不是一个性质，一个是购物，一个是投资。对于投资来说有很多决定性因素，例如认知程度和认可程度，还有参与所需要的时间，自身情况是否允许等。

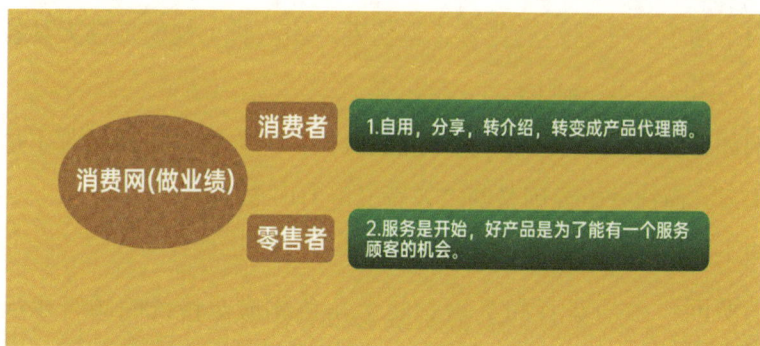

"消费网"框架图

上面这张图，表达了如何把顾客培养成代理，消费网是团队网的基础。

我们不仅要服务到每一位顾客让他们愿意复购，还要服务到客户愿意主动帮我们转介绍或者变成产品的代理商。做零售的代理，只做一件事情，就是把产品销售出去。熟练掌握产品知识、售后服务知识，具备销售能力，懂得维护好客情关系。

所以新手代理第一步培训什么？

产品知识、销售知识、私域流量的营销知识。

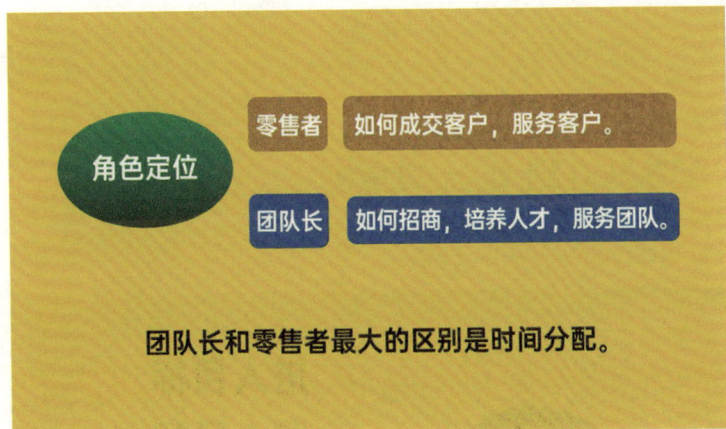

"角色定位"框架图

角色定位是指团队长和零售小代理之间的角色区别以及如何培养团队长。

第一，从销售能力到招商能力培养。

第二，培养团队管理能力，能够独立培养团队人员做零售和招商。

第三，朋友圈营销素材制作。

第四，一对一招商谈判，时间分配等。

第五，培训能力。

比如传统企业培养业务员和培养总监是不一样的。

一个团队长、一个团队的诞生是一个系统的工作。对于代理成长的把控，除了专业的培养体系，最终还要回归到对人的分析和使用能力上。要能非常清晰地去判断一个不同学历、不同年龄、不同家庭背景、不同职业、不同收入和不同经历的人，他对于这件事情的接受度和成长速度是怎样的，如何针对性培养等。

14.2　团队从 0 到 1，一键复制

"目标清晰"框架图

从0到1搭建一个团队，要做的第一件事情就是目标清晰。包括我能够进引多少人，通过培训和实操筛选能留下多少人，业绩目标是多少，收入目标是多少，等等。很多人在这个地方把前因后果顺序颠倒了。追求业绩、追求流水、追求收入，但是没有去追求达成目标的前提人数。

正常引流活动一次大概引流100~200人，你的团队一共有500人，每个月做一次活动，500人乘100就是50000人，按照第一周微信的转化率平均比例3%~7%核算，能转化多少人，能成交多少人，以及多少人能升级就非常清晰。另外还要加上付费流量的总数，例如微博、百度、公众号等广告投放，计算出一个团队当月能够进多少流量，成交多少业绩。

有了流量，存留率和转化率很关键。代理和员工试用期一样，第一

个月决定了这个人能不能留得住。留住了，还要培养，成就代理的前提是培养代理。然后达成了业绩目标，就有了收入目标。

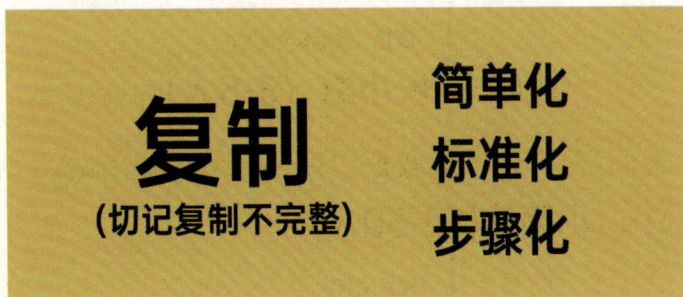

复制
（切记复制不完整）

简单化
标准化
步骤化

"目标清晰"框架图

在做的过程中学，而不是学会了再做。因为成长的时间成本对大家来说都太高。所以，按照简单化、标准化、步骤化的方法，"傻瓜式执行"出结果很重要，复制是倍增的前提。

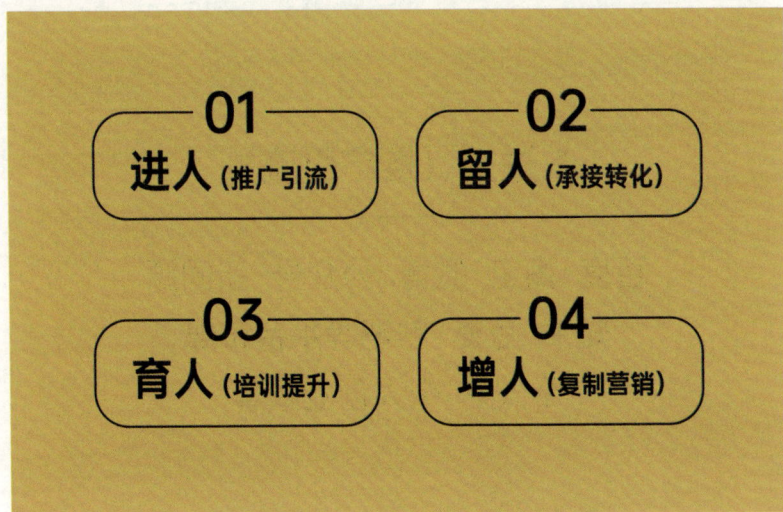

01
进人（推广引流）

02
留人（承接转化）

03
育人（培训提升）

04
增人（复制营销）

"产生团队规模的四个步骤"框架图

上图这四步是最终产生团队规模的关键。

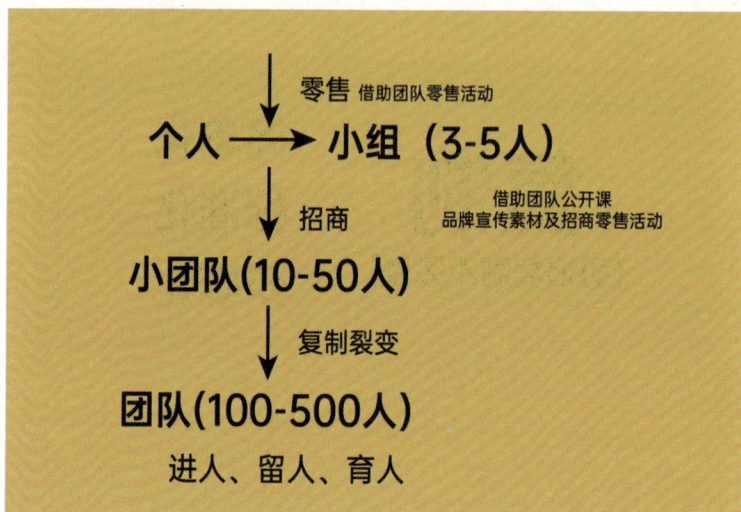

"团队规模成长"框架图

1.如何进人

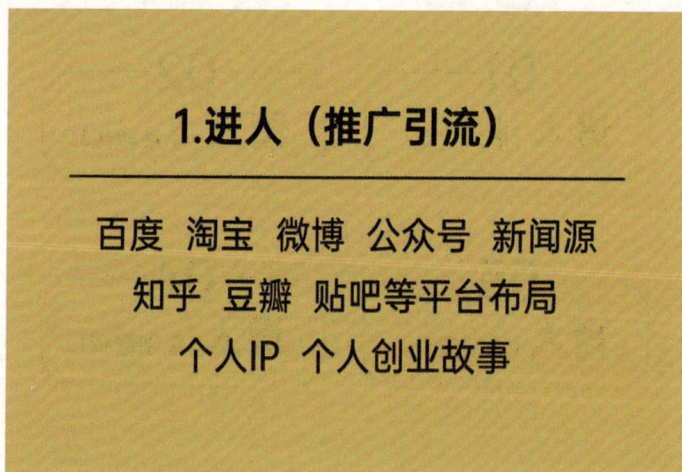

"如何进人"图

关于进人团队，需要考虑两点：持续的流量哪里来，成本多少。

大家在选择持续进流量的方式当中，有三个排序选项。首选自己现有的资源渠道；次选自己擅长的流量渠道；最后选流量最大的渠道。

第一步，把我们自己现有的资源用好，裂变起来。社交电商的这种商业模式里，如果连自己的优势资源都用不好，付费广告更转化不了。

很多品牌方一起盘就过来说"我没有资源""我的资源不想用，你帮我对接团队长直接卖货"，你觉得靠谱吗？团队长是什么？团队长是今天市场上最贵的东西，是最有主动权的东西，并不是谁想整合就能整合的。

第二步，用自己擅长的流量，比如说我们在微博上经常能看到的上海美食、上海旅游、北京美食、上海资讯、北京资讯等等这种地域性粉丝粘度非常强的自媒体。

给大家举个案例，之前有一个客户，是做传统销售的，他进入社交电商之后想整合流量，因为他对这个群体比较熟悉，第一件事就是把当地的新闻资讯全部整合过来，给他们分红和联合创始人的身份，让他们把自己平台的流量全部转化为代理，很快就成了几万人的团队。

团队进人首先要牢记一条公式：社交电商引流=内容＋展现形式＋转化＋管理。好的内容是前提，它不仅仅指软文和硬广，也指有效的产品运营模式，然后通过各种渠道展现出来，从而进行转化和管理。

第三步，强势进人要多渠道、全方位推广，深挖付费流量池，通过时下主流的微博平台、抖音等短视频平台、小红书等社交自媒体平台进行传播，让价值再现，吸引代理加入。

沟通是转化的重要部分，代理是团队老大一个个谈出来的，要与代理商保持良好的关系，调动代理商的热情，这样团队才能有效工作，实现共赢。

2.如何留人

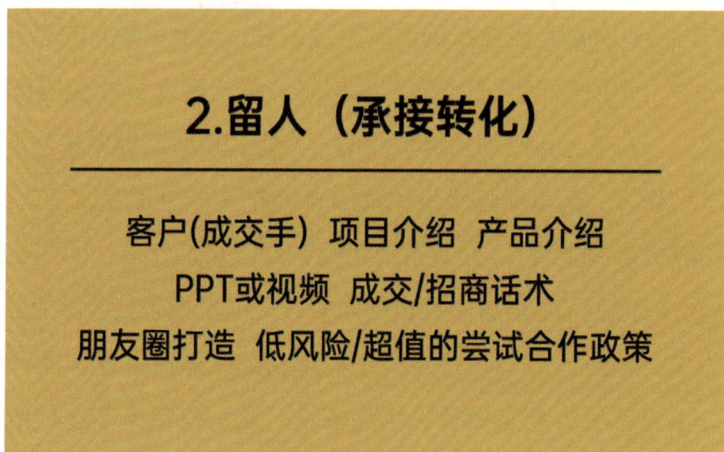

2.留人（承接转化）

客户(成交手) 项目介绍 产品介绍
PPT或视频 成交/招商话术
朋友圈打造 低风险/超值的尝试合作政策

"如何留人"图

这里给大家介绍"黄金四周新人带法"。"黄金四周新人带法"泛指任何一位第一次加入团队的伙伴，第一个月的培养计划统一。这是增强新代理团队归属感的必要步骤，也是为团队之后的各种活动统一动作做铺垫。

第一周，要熟练掌握"三讲"和产品运营模式，这是所有新人必须掌握的。何为"三讲"，就是讲品牌、讲产品＋模式、讲自己。任何一个人选择一个产品，加入一个团队，他一定有自己与这个团队的故事，也一定有选择这个产品和品牌的理由。

第二周，按照团队上新模板开始发朋友圈，并且养成每日更新的习惯。发朋友圈不仅非常重要，也是任何一个做社交电商的人必须不断提升的技能。但是，作为一个新人，在他加入的第一个月就要求他有技巧地发朋友圈是不可能的。别说新人发朋友圈需要练习，即使是一个成熟的社交电商人，在接触一个新产品的时候，也会因为对产品和团队的不了解，素材的不够丰富而影响质量。所以，建立团队的素材号是非常有必要的，给团队成员提供高质量的素材服务，让新人有模板参考，尽量减少因为发朋友圈而影响成交的可能。

有了前面两周的准备，剩下两周的重点是流量的储备和成交铺垫。但新人对于流量的获取能力是非常弱的，所以必须给他们提供一些只要执行就能见成效的方法。例如教他们通过QQ群、微博、小红书、宝宝树等渠道获取流量。关于这部分的内容在第12章的引流方法中介绍得很细致，所以我在这里就不做具体介绍了。

有了一定流量之后，接下来重要的事情就是成交铺垫。为什么是成交铺垫而不是成交？根据"养鱼策略"，微信私域流量就是巨型的鱼塘，客户就是鱼塘里的鱼，微信第一步引流就是把鱼引到鱼塘里，但是要怎样把鱼钓起来，首先要利用"鱼饵"尝试吸引客户，只有第一次接触完成，才算真正意义上和客户建立了关系。要想让更多的弱关系客户完成转化，就要不断设计一些活动让他们参与进来。

在设计鱼饵的时候，要避免一个误区，就是拿库存或者成本低的产品作为"鱼饵"，因为有库存的产品一定是客户不喜欢的，拿客户不喜欢的产品作为"鱼饵"怎么能够吸引到客户呢？你送出去的目的是希望客户体验完成产品复购，还是为了让客户占点便宜？只有想明白这两个问题，才能设计出好的"鱼饵"。另外，在用爆款做鱼饵的时候，不一定要免费，因为顾客对于爆款的好奇心是非常重的，只要获取价值合理，顾客不会在意是否免费。

3.如何育人

3.育人（培训提升）

产品及项目知识培训　零售培训体系
招商培训体系　团队管理培训体系

"如何育人"图

在团队运营过程中，最离不开的就是"团队培训"，培训体系等于人才复制机、印钞机。培训不仅仅是传达知识技能，还是统一思想的重要过程，所以培训是管理非常重要的一环。虽然针对性培训比较费精力、财力，但这是最高效的培训方式，能促使每个人都奔着所需要的培训内容而去，真正获得所需要的知识。

培训内容一般是把代理的实践经验和行业内老师的精华进行融合，通过培训不但可以改变代理的心态，增强自身的素质和能力，还能激发他们的创造力和潜能，提高团队的效率和业绩。

不过很多团队却走进了培训的两个误区，首先是形式大于内容，你讲的内容并不是大家想要的，时间久了，大家也就不愿意再来了。还有很多团队培训会就是吃吃喝喝，讲梦想，打鸡血，但如果没有足够的方法论做支撑，没有更多的技巧，励志和梦想是支撑不了多久的。

培训是能力训练，作为团队运营的主心骨，建议你的团队成立讲师团，进行分工合作，根据每个讲师的时间和个性优势，为大家提供不同的课程，并不断研发有灵魂的课程。

4.如何增人

4.增人（复制营销）

标准化、模版化
步骤化、可复制

"如何增人"图

我经常讲我自己带团队的一个方法，每个月都会要求升级名单。每一位我直管和分管的人员，他们每个月每个级别的升级人数，必须达到80%以上的达成率。每个月初列名单，分级别拉群，每天一对一进行辅导和监督，每一周都要盯结果。这周出了多少单？如果没出单就要找出原因，解决问题。

代理的升级速度以及升级比例一定是需要我们100%把控的。当你的代理没有按你的节奏走，你又没法帮他解决问题的时候，一定是我们在某一方面的能力有了盲区，此时我们要去发现并解决。

要想自己的团队和谐、快速地裂变，一定要培养至少十个"给力"的直系和标杆。一个团队需要有几个核心的角色，每个角色要根据每个人风格去安排最合适的人选。

第一个角色：火车头。他们作为标杆形象可以带动团队的积极性。

第二个角色：军师。他们可以为团队出谋划策，属于核心智囊团。

第三个角色：知心姐姐。他们在群里的活跃度高，时刻关注团队成员的所有问题，及时出面解决和鼓励，群里的活跃度等同于你的赚钱速度。

第四个角色：得力主管。可以选择几个有潜力，有能力的人当任，贴身记录创始人的思想和方法并传达给团队。

第五个角色：开心果。他们能在群里分享小笑话，搞怪，自黑等。是团队的气氛调动者，团队和谐的黏合剂。

一句话总结：用群众的智慧管理群众。

在团队建设发展的过程中，标准化、模板化是一个非常关键的要素。标准化是指让每一个新人进来之后都有一套标准的成长和行动方法，每个人进来都知道该怎么做，不需要自己去摸索。模板化是指给新人提供模板化的运作资料，例如，基础沟通话术，常见问题回答方法，发圈素材等，形成固定的模板，让每个人都可以很容易去实施。这两点的核心就是让每一个人加入团队都有一个清晰的发展方向，让基础最差的人也能够快速操作产出结果。

14.3 团队精细化管理和裂变

在搭建完团队、启动种子代理之后，大家比较集中的痛点就是不知道该如何去管理和培养这些人，也不知道如何让这些种子代理形成再次的裂变。甚至有一些正在准备起盘的品牌方，他们招过来的员工都不知道该如何磨合工作，所以懂得团队的精细化管理尤为重要。

建立完善的团队管理制度是精细化管理团队的关键，社交电商管理团队依赖于线上，必须要有高效的制度，才能创造出有力的团队。无规矩不成方圆，团队也要有团队的规则，规则能约束团队，是让他们往更好的方面发展的催化剂，好的制度能让团队自发成长、快速裂变。

1.群规章制度

社交电商管理团队主要是基于社群管理，基础的制度表现为群规章制度。因为社交电商基本上都是通过群联系所有代理，在群里沟通学习以及成长。一个良好的群规章制度可以约束代理的行为，创造良好的工作环境和沟通平台。

例如：每天签到、轮流分享正能量语录、活跃群内气氛、群内销售业绩接龙、准时写工作总结和计划等。合理有效的群规可以帮你更好地管理团队成员，促进团队的快速成长。

2.考核制度

社交电商一切以业绩结果为导向，将平时的活跃度、业绩结果以及会议参与度作为考核的重要指标，三者缺一则为考核不合格，将会受到批评与警告。淘汰不上进的代理，筛选出精英代理。每个月业绩最后3名且没有按照公司要求执行的代理直接移出代理群，等业绩上升后再拉进来继续学习，享受团队待遇。

3.晋升制度

一个合理的团队运营，除了群规章制度还应该对成绩显著的人给一个合理的晋升资格，让每一个努力的人都得到最好的条件和发展，这样才能带动代理前进。晋升制度的考核主要在于代理的表现、成绩和个人努力，对于考核的各方面达标者，内部进行晋升。你要根据自己的团队需求制定出合理的晋升制度。

4.奖惩制度

为团队设立奖金制度与惩罚制度，如果个人表现及业绩优秀可获得奖金和称号，让获奖的人更有团队意识；相反，如果个人表现和业绩均不合格，做出相应物质和精神惩罚，例如罚红包、写检查等，让他们通过深刻的自省，不断进步，成为更好的自己。

14.4　20 天导入自动赚钱的团队系统

**20天导入
自动赚钱的团队系统**

赵啦啦	A(300-600元)	B(2000-5000元)	C(1-3万)	D(10-30万)
晋升计划	1-2个月	2-4个月	2-4个月	3-6个月
学习掌握	团队文化 产品知识 销售知识 行业知识 行业观念 培养创业思想 创业动机 融入与配合 学习与提升	行业知识 招商话术 行业介绍话术 并能够讲课 简单的引流方法	招商话术及方法 引流与推广 形象的塑造 (照片、内容、荣誉) 课件输出 学习管理 营销 事业思维 老板思维	员工招聘 落地工作室 或者公司注册 传统媒体和 新媒体的宣传布局
成交媒介	产品及个人	产品及团队	行业及团队	行业及个人
级别特点	没有独立操作能力 (缺乏安全感)拉着走	过渡转折期(忠诚感) 赶着走	麻木期(责任感) 逼着走	荣誉感(疲惫期) (新知识换血)
上级帮扶	1.产品知识文件 2.售后问答文件 3."小白"日常操作文件 4.提供零售版发圈模版	1.招商话术文件 2.提供招商版发圈模版 3.辅助培训及管理团队 4.提供零售活动模版 5.陪同并带动执行招商活动	相对有了独立的运作能力, 稳定的客源和收入, 但是也进入了疲惫期、麻木期, 想要继续往前进一步非常难, 需要上级去沟通督促。	打造个人IP 自明星、自带流量
时间分配	20%学习团队文化 及行业观念 30%时间学习产品知识、 销售知识、行业知识 50%的时间做销售	40%时间做零售 及招商 30%时间学习销售 及招商知识 30%时间输出产品 及零售知识	30%时间做招商及零售 20%时间学习招商知识 30%时间输出零售 及招商知识、 策划零售活动、 管理监督团队执行、 20%时间学习引流推广 及自我打造	40%时间用于招商 30%团队管理及培训 30%策划招商 及零售活动、 输出招商经验
主要任务	学习与融入(行业及团队)	零售	管理	招商

赵啦啦 20 天导入自动赚钱的团队系统表

备注：表格里的 A、B、C、D 分别代表了社交电商不同金额的级别。

	动销素材/人才培养	招商素材/人才培养
素材输出	B级别	C/D级别
人才培养	C级别	C/D级别
角色担当	B级别	C/D级别

不同级别任务分配表

A级别首先要学习和掌握团队文化，团队文化是规范和统一团队成员行动以达到提高运营效率的行动指令的目标。其次学习和掌握产品专业知识、售后知识、营销知识等。

由于每天都有新加入的代理，做不到一对一即时的系统性培训，所以品牌方可以把产品知识、新人指南、销售话术等等做成固定的学习包和在线课程，让每位新人都能第一时间获取并且学习、应用。避免新人由于加入后被冷落也没有清晰的前进方向而对团队产生不满情绪。

零售主要靠产品效果和个人信任度。在时间安排上，A级别50%的时间用来学习锻炼专业能力，50%的时间做销售，此阶段关键任务一个是融入团队，另一个是出业绩建立从业信心。

B级别是学习任务最重的一个级别，既要学习销售等基础知识，又要学习招商、团队管理、引流、培训等内容，可类比小学升初中的阶段，突然增加了很多学科。B级别也是一个重要的转折期，如果能顺利稳定下来或者升级，流失的可能性便极低了。

B级别在时间分配上，1/3时间做零售和招商，1/3时间提升零售及招商能力，1/3时间培养代理为团队输出零售经验，是终端反馈、零售营销素材的主要输出者。

因为A级别和B级别是整个品牌当中直接对接消费者做零售最多的层级，所以真实的客户反馈图也就主要来源于这两个级别。团队既要给新代理提供前期操作所需要的零售营销素材，也需要注重引导新代理养成输出素材的好习惯。

其实很多社交电商从业者，在刚进入行业的时候，会突然直接转发广告，这种方式是不对的，这会让朋友圈好友认为他不靠谱，全部都是靠吹嘘和作假。其实这都是一些"小白"没有得到一个专业的社交电商指导，自己盲目发圈造成的结果。

专业的团队都会给新人提供一个模板化的发圈文件。第一条就是阐述为什么要选择这个团队，如果新人之前没做过这个行业也要阐述。如果之前做过社交电商，本来就有自己的团队或者产品现在只是添加新品，要阐述为什么要换产品或为什么选择一个新的品牌和团队合作。

新人发这些素材首先是为我们团队和品牌做宣传，其次给朋友圈一个交代，证明他要开始做社交电商了。团队成员截图发到自己的朋友圈之后，也能很好的转化资源，让意向代理看完后对团队有更高的信任度和更强的付费意愿。这是一个感知大于告知的时代，你自己说自己一百句好，不如客户说一句好。所以大家尽量去使用这种借力的方式进行发圈，用成交带动成交。

C级别是招商和培养团队的主力级别，做到这个级别的代理收入相对稳定，有一些固定的复购顾客和代理，很容易满足于现状不求上进，需要重点监督和督促。因为只有对行业和品牌（包含公司、团队和上级）坚定信任才会持续性升级。

具备一定的基础运营能力，能够输出招商和团队管理经验。

这个级别的投资额不小，1万到3万块钱对于普通的上班族来说相当于两三个月的收入。

针对C级别，公司要对他们进行培训，让他们了解公司及行业前景，让他们具备一定的基础运营能力，能够输出招商和团队管理经验。

D级别是品牌的核心人员，是品牌的人才能力上限。D级别决定了品牌最重要的市场整合能力和竞争力。运营方式类似分公司，独立运营。

建议每个团队每个月至少要有一两次活动，可以是引流活动，也可以是做零售的小活动。这个活动需要C级甚至D级别去策划，然后由B级别带着A级别进行，这样能够激活一些人脉资源，并且能够引进一些新的血液，从而保证零售的持续性。

一个顶级的团队老大一定要有格局和系统化管理能力，是你带领团队成就千军万马的核心命门。格局是指有纵观全盘的眼界和高度，系统是指具备系统化思维，对团队进行系统化的管理。团队老大还要体升自己的价值，学习必要的营销知识，提高自己的演讲能力，使代理信服。

任何人来到一个团队，都是通过学习卖货技巧，实现卖货目标，教大家如何去复制自己的能力给更多的人。

社交电商的裂变中心，在于口碑传播，所以要保护好现存代理，做好口碑，最后成功实现以老带新，完成裂变闭环。

打造好一个顶尖的社交电商团队还需要团队凝聚力。团队凝聚力强调的是团队成员的紧密合作程度。要培养这种精神，首先，团队老大要以身作则，做一个团队的精神楷模。其次，在团队培训中加强团队精神的理念教育，最重要的是，要将这种理念落实到团队工作的实践中去。一个没有团队精神的人，难以成为真正的领导人；一个没有团队精神的队伍，是经不起考验的队伍。最后是上级帮扶，上级帮扶主要分为两个方面，一个是培训，另一个是活动带动。

培训方面包括产品知识、销售知识及售后知识。有一些产品有售后，比如日化和瘦身产品。当热，也有产品没有售后，比如内衣，在销售的过程只需要告诉顾客怎么使用，怎么清洗。

关于怎么培训新人产品知识，我不建议团队单独抽出一些中高层的人去做培训，而是让每一个A层级或者上一个月新进来的A级别代理挑出一些比较优秀的、有口才和讲课能力的人，让他们去讲给新人听，不要浪费团队其他人的时间。因为让新人去培养新人，新人更有从业积极性，他们有参与感和自我价值实现感，同时也能督促他们学习。

包括销售知识也一样，一定要让B级别，最多是C级别培养A级别，不用让更高的层级去做这件事，因为更高的层级离这个阶段太远。首先高级别代理更侧重招商，有一些实际操作的东西可能他已经不重点去关注了，跟他的日常工作不相关，让他去培训基础内容反而不能输出最接地气、最完整的案例和经验。

这也是为什么上下级差距太大反倒带不好代理的原因，因为脱节严重，不好紧密关联培养，所以让每一个层级的上一级带动下一级是最好的。甚至可以让在同级别做得好的人去带动，这也足够让下一个层级的人前进了。而且真实的培训过程对代理来说就是最大的信心和动力。

第 15 章 培训系统搭建

15.1 培训体系设计

15.1.1 企业类课程

课程构成：

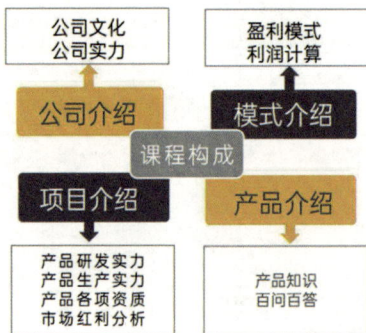

讲师构成：

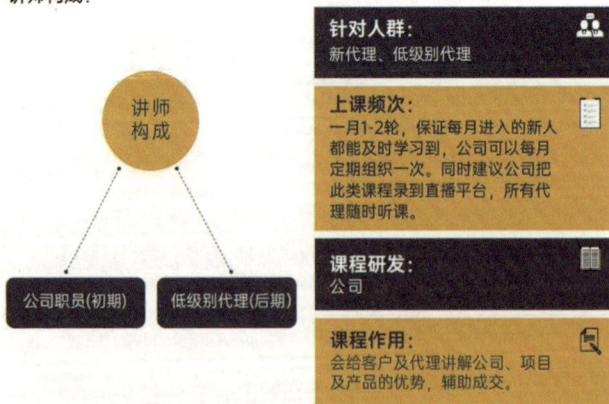

15.1.2 专业知识类课程

1. "小白"特训营

课程构成：

讲师构成：

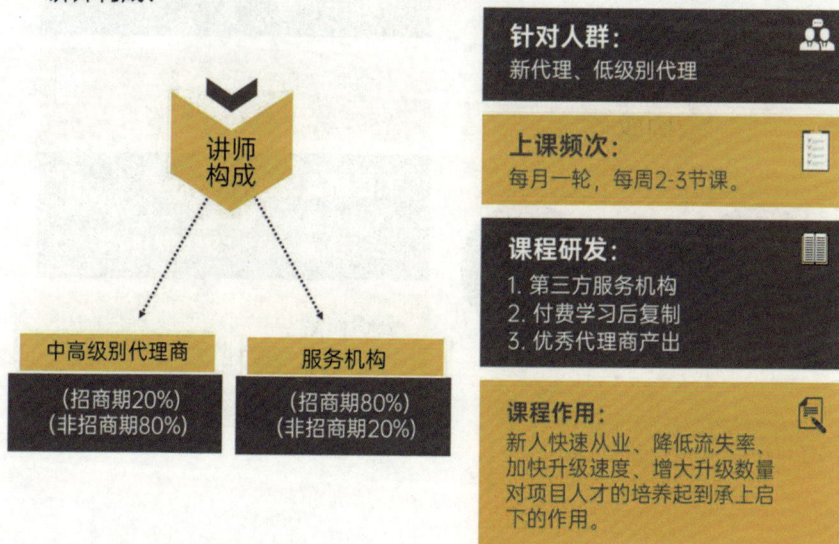

针对人群：
新代理、低级别代理

上课频次：
每月一轮，每周2-3节课。

课程研发：
1. 第三方服务机构
2. 付费学习后复制
3. 优秀代理商产出

课程作用：
新人快速从业、降低流失率、加快升级速度、增大升级数量对项目人才的培养起到承上启下的作用。

2.中高级精英特训营

课程构成：

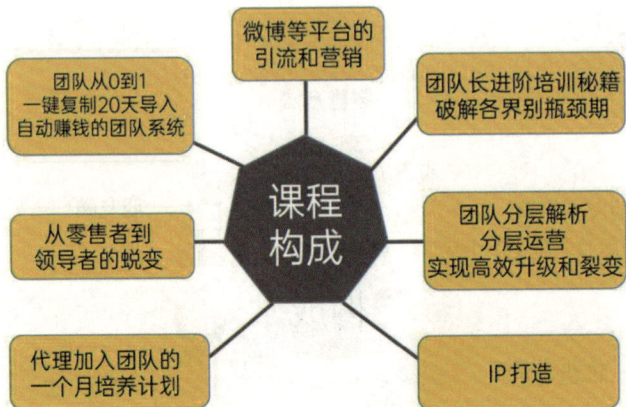

团队从0到1
一键复制20天导入
自动赚钱的团队系统

微博等平台的
引流和营销

团队长进阶培训秘籍
破解各界别瓶颈期

从零售者到
领导者的蜕变

课程
构成

团队分层解析
分层运营
实现高效升级和裂变

代理加入团队的
一个月培养计划

IP打造

讲师构成：

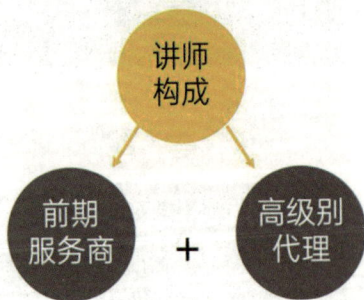

讲师
构成

前期
服务商

+

高级别
代理

针对人群：
中高级代理商

上课频次：
每月一轮，每周2-3节课。

课程研发：
1.高层代理商分享
2.公司付费学习然后教给代理

课程作用：
增强项目高端人才的培养数量和
人才质量，决定了项目的市场整
合能力和倍增裂变速度。

3.代理商实战分享

课程构成：

讲师构成：

针对人群：
所有代理

上课频次：
每月一轮，每周2-3节课。

课程研发：
高中低级别代理分享

课程作用：
复制经验方法就是复制业绩

15.1.3　生活技能培训

课程构成：

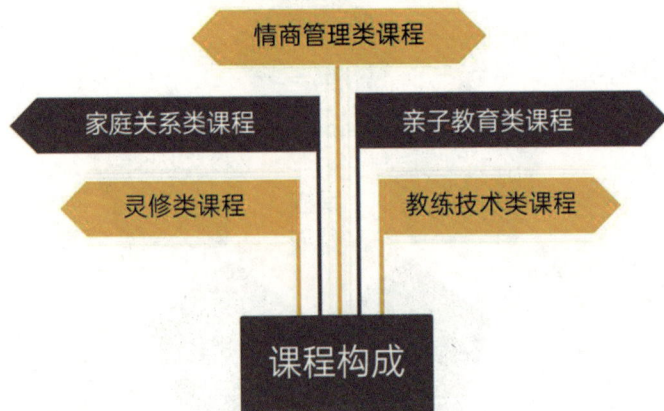

讲师构成：

针对人群：
所有代理

上课频次：
每月一次

课程研发：
公司雇佣或一次性外聘合作

课程作用：
提升代理商个人格局与自我觉察和自我管理能力，增强团队的凝聚力，有利于塑造团队奉献精神。

备注：项目动销系统，每月1-2次引流及零售活动，1次招商活动

15.2　培训课程研发

1　内部讲师建设

1. 公司职员
2. 低级别代理
3. 前期服务商
4. 高级别代理

2　外部合作培训

A. 学习课程：多家付费，学各家之长
B. 邀请讲师分享：选择在各个细分有知名度、有经验的老师合作

15.3　培训课程实施

课前：
建群、设置群公告和群规则
朋友圈及代理群、预告课程
朋友圈及代理群介绍并烘托讲师

课中：
主持人开场
配合回应讲师
引导烘托课堂气氛

课后：
感谢讲师
课程总结发群
课后感发圈
朋友圈展示课后大家对课程的肯定以及课程给大家
带来的结果

15.4 培训讲师培养

1. 讲师报名

自愿报名，说明并设置做讲师的益处。

例如：

1.能够加强自己的培训能力和公开课成交能力,有助于培养代理和招商。

2.公司会对其包装和宣传,增强其影响力和曝光度。

2. 筛选淘汰

每人准备一节课进行试讲做首轮筛选。

3. 集中培训

首轮通过考核的进行分类培训

(培训人员可以是代理商、第三方培训公司

或品牌方)。

15.5 培训示例课程表

星期一	星期二	星期三	星期四	星期五	星期六	星期天
						1 廿二
2 廿三	3 廿四	4 廿五	5 廿六	6 廿七	7 廿八	8 白露
9 三十	10 教师节	11 初二	12 初三	13 初四	14 初五	15 初六
16 初七	17 初八	18 初九	19 初十	20 十一	21 十二	22 十三
23 秋分	24 中秋节	25 十六	26 十七	27 十八	28 十九	29 二十
30 廿一						

培训示例课程表（9月）

每月1~15号，中低层代理和中高层代理商按照周135或周246穿插上小白课程和中高级精英课。
同时2个周末可以安排代理商分享实战经验课让所有人学习。

16~18号三天，组织所有人到直播平台或微信群学习学习产品企业知识课程及售后知识。

19~30号12天，每周三节安排代理商分享实战经验，可加入专业知识课和生活技能类。